ENQUÊTE SUR LE CRÉDIT

LA BANQUE DE FRANCE

DEVANT

L'OPINION PUBLIQUE

PARIS

ENQUÊTE SUR LE CRÉDIT.

LA BANQUE DE FRANCE

DEVANT

L'OPINION PUBLIQUE.

PARIS

E. DENTU, ÉDITEUR, PALAIS-ROYAL

—

1865.

PRÉFACE.

L'enquête ouverte à cette heure devant le Conseil Supérieur de l'agriculture, du commerce et de l'industrie, à la requête de la production, est un fait considérable.

Cette mesure de l'Etat, déférant au vœu public, a une portée qni n'échappe point aux appréciations de l'homme sérieux.

Une enquête est un acte d'information exercé par un pouvoir régulateur et pondérateur, juge dans les formes légales, mais en dernier ressort, des conditions d'ordre social auquel se rattachent les questions et les faits soumis à l'enquête.

Toute enquête est complexe, et implique une dualité d'intérêts antagonistes : dans l'espèce, les intérêts de la finance et ceux de la production. Une enquête est donc nécessairement contradictoire. Or, jusqu'à présent l'élément financier, dans ses multiples manifestations théoriques et pratiques, a seul été appelé à se faire entendre. La justice exige que l'élément producteur fournisse ses renseignements, expose ses griefs et pose ses conclusions.

Par ces considérations, et à cette fin, nous venons humblement soumettre à qui de droit la déposition d'un producteur.

LA BANQUE DE FRANCE

DEVANT L'OPINION PUBLIQUE.

— « *Justè quod justum est persequeris.* »
(Deutéronome, XVI, 20).

I.

« Je demande que le Gouvernement veuille bien ouvrir une
« ENQUÊTE sur ce qu'il y a à faire au sujet des établissements de
« crédit en France, afin d'organiser le crédit ainsi qu'il convient à
« une nation aussi grandement lancée dans les affaires. »

(M. Michel CHEVALIER. — *Sénat*, séance du 20 mai 1864).

« Ce que le Sénat a de mieux à faire pour consolider la sécurité
« salutaire qu'inspire cet établissement national, — la Banque de
« France, — pour dominer des prétentious trop hardies et trop ha-
« sardeuses, c'est de passer purement et simplement à l'*ordre
« du jour.* »

(M. ROUHER, ministre d'Etat. — *Sénat*, séance du 30 mai 1864).

« JE VOTE pour l'ORDRE DU JOUR. »

(M. le comte de GERMINY, gouverneur honoraire de la
Banque de France. — *Ibid.*)

Le Sénat passe à l'ORDRE DU JOUR.

II.

« NOUS DÉSIRONS CETTE ENQUÊTE, et nous la demandons ins-
« tamment... mais une enquête large et féconde qui embrasse tous
« les faits économiques et toutes les institutions financières qu'il con-
« vient d'étudier. »

(Les gouverneur, sous-gouverneurs, régents et censeurs de
la Banque de France. — Janvier 1865).

« L'expérience nous enseigne qu'une ENQUÊTE *approfondie, en
« répandant la lumière sur des questions obscures et complexes,* en
« constatant les faits authentiques, en faisant sortir la vérité du choc
« des opinions et des doctrines, *ne peut manquer de ramener le
« calme dans les esprits en les éclairant.* »

(M. Achille FOULD, ministre des finances. — M. Armand
BÉHIC, ministre du commerce, de l'agriculture et des
travaux publics. — 9 janvier 1865).

Suit un décret ordonnant une ENQUÊTE.

D'où vient, dans les régions officielles, cette contradiction
à si brève distance? — Que s'est-il donc passé?

C'est que l'opinion publique, déjà émue par les révélations parties du Sénat sur les agissements de la haute finance, a été saisie d'une vive inquiétude en ce qui touche la production nationale, quand, au milieu des avidités de la finance prélevant d'une part 30 p. 100 sur l'agriculture, le commerce et l'industrie, entassant d'autre part, pour en disposer arbitrairement, des millions, fruits de la spéculation sans travail sur le travail pressuré ; — quand, au milieu de ces perturbations économiques, l'opinion publique a vu sortir de la même bouche qui *refusait l'enquête* sur ces perturbations la proposition d'*abroger la loi* du 3 septembre 1807, dont l'*application, rigoureusement de droit commun*, pouvait mettre un terme à ces perturbations, de supprimer les entraves que le législateur avait sagement opposées à la cupidité ; de proclamer *la liberté* du taux de l'intérêt, c'est-à-dire de décréter l'omnipotence financière.

Des négociants et manufacturiers de Paris et de Lyon, ces deux grands centres d'activité industrielle et commerciale, ont exposé catégoriquement les griefs de la production française. Ces plaintes légitimes, formant comme l'écho condensé des mille voix de la France économique, ont motivé le décret qui, à cette heure, prescrit la recherche des causes dont les effets complexes enrichissent l'institution dont elles procèdent, et sont pour le commerce, l'industrie et l'agriculture une source permanente de ruine.

De la barre du Sénat, la Banque de France, avec tous les établissements financiers qui en procèdent, est appelée devant la suprême juridiction de l'opinion publique.

La question est posée. Qu'en doit-il sortir ? — Logiquement, la réforme radicale des institutions du *crédit*, qui, suivant l'expression d'un sénateur, M. Michel Chevalier, « ne peut pas « rester tel qu'il est chez nous. »

La révolution financière ouvre ses cahiers, et le tiers-état de la production, ce *rien* actuel qui doit être *tout*, y consignera ses vœux, son droit et ses espérances.

Pour procéder hiérarchiquement et par ordre de date, c'est par la Banque de France que l'enquête doit s'ouvrir. La logique conduira, selon le vœu de la Banque de France, à toutes les *institutions financières*.

Mais, avant d'arriver à cette affinité qui lie la haute et la basse finance, un mot au sujet de la solidarité internationale de la finance dont la Banque fait état.

« Il est impossible, est-il dit dans la supplique tardivement émanée de l'hôtel de la Vrillère, de décliner la responsabilité qui s'établit de plus en plus entre toutes les nations. »

Cette solidarité est évidente, et c'est pour en atténuer en faveur du travail la responsabilité qui en découle et frappe en tous sens, qu'il importe d'élever un obstacle où viennent se heurter les *intérêts solidarisés* des deux ou trois principaux marchés d'argent en Europe, qui oppriment à leur gré et *toujours solidairement*, par un système de hausse répercutée, les intérêts fragmentés de l'agriculture, du commerce et de l'industrie.

Ces obstacles, ce frein mis à l'omnipotence de la haute finance cosmopolite, qui doit être la sauvegarde de la production, l'*enquête* nécessairement l'indiquera.

Deux questions ont été posées devant le Sénat (1) à l'occasion de la pétition présentée par M. Furet sur les élévations successives du taux de la Banque de France, dont l'escompte sans limite jetait dans un trouble profond les transactions commerciales, les combinaisons industrielles et les conditions de production agricole.

« Quel est, demande à ce sujet M. le sénateur Le Roy de Saint-
« Arnaud, le système préférable en matière d'émission : celui
« d'une banque unique ou celui de la pluralité des banques?

« Le taux de l'escompte n'est-il pas un de ces faits écono-
« miques devant lesquels il y a impossibilité d'établir que la
« fixation de l'escompte puisse être une condition normale ? »

Ici nous abordons la solution contenue en substance dans la première question, l'unique solution qui convienne aux intérêts d'un grand peuple : Nous nous trouvons en face de l'UNITÉ, qui, bien que sortie triomphante de l'alternative, demande néanmoins examen.

Qu'est-ce donc que l'UNITÉ? — L'unité a deux termes correspondant aux deux éléments constitutifs de toute société. Elle est ou individuelle, relative et arbitraire, conséquemment incertaine, faillible comme l'individu auquel elle se rapporte ; ou bien complexe, absolue, vraie comme l'universalité dont elle est l'expression.

En politique comme en finances, et, de la même façon, en matière de culte, l'unité individuelle implique les monopoles

---

(1) Séance du 30 mai 1864.

et les priviléges : elle gradue hiérarchiquement l'absolutisme, venant aboutir à la volonté d'un seul, c'est-à-dire le despotisme de l'intérêt d'une individualité ou d'une catégorie sociale au préjudice de l'intérêt général : la négation de la justice.

La France politique a renversé cette unité despotique d'où découlaient, avec l'orgueil et l'ineptie, la violence et l'arbitraire d'un côté, la sujétion et la misère de l'autre, c'est-à-dire le désordre social.

La France économique doit se soustraire aux atteintes de cette unité arbitraire de crédit qui d'une main entasse à son profit d'immenses et scandaleux bénéfices, et de l'autre répand sur la production la ruine et le désespoir, c'est-à-dire une lamentable perturbation.

Il faut se hâter de faire financièrement l'œuvre de 1789 en politiqne, démocratiser le crédit par l'affirmation des *droits du travail*, en l'établissant sur les bases de l'universalité.

Or, l'universalité est un multiple rayonnement qui a pour foyer l'Etat. Représentant l'universalité des intérêts qu'il condense, l'Etat doit réfléchir sa bienfaisante action sur l'ensemble des individualités dont l'universalité se compose. Universel condensateur, il doit être l'universel et permanent réflecteur.

L'Etat n'a pas d'autre raison d'être; c'est là son origine et sa fin. Sa mission est déterminée ; elle lui est indissolublement inhérente. Mandataire du Souverain, il n'a pas plus le droit de déléguer l'exercice de la distribution du crédit public qu'il n'aurait celui de déléguer la faculté de lever des armées, d'ériger des cours de justice ou d'administration départementale, etc. Il ne peut pas plus aliéner l'exercice de son mandat que le Souverain lui-même ne peut faire abandon de sa propre souveraineté.

La souveraineté est de droit absolu inaltérable en principe, inviolable en droit; elle peut, dans sa manifestation, éprouver des atteintes, mais elle reste toujours essentiellement, comme le soleil qu'un nuage passager recouvre.

Abordant la seconde question, M. Le Roy de Saint-Arnaud fait observer que la Banque de France objecte « que l'escompte « étant le prix de l'argent. c'est une question de marché public, « et que comme on ne peut avoir de l'argent à bon mar-« ché que lorsqu'il abonde, les fluctuations de l'escompte consti-« tuent toutefois un fait économique qu'on ne saurait dominer.»

La réponse à cette allégation (sous toute réserve relative au principe de *l'argent marchandise* ici impliqué) est toute entière dans l'exposé des moyens articulés par le pétitionnaire, qui objecte que la Banque ne peut s'abriter sous les conditions ordinaires du marché public, puisqu'elle est favorisée par un privilége, d'où dérive un monopole qui non-seulement la met en dehors de la normalité des conditions du marché public, mais qui la place au-dessus même de la loi.

Or, cette mise hors la loi est un fait considérable, interprété dans le sens donné par la Banque de France, puisqu'elle regarde ce privilége exclusivement protecteur d'un bénéfice rémunérateur de ses propres opérations, sans égard pour les opérations publiques , — comme favorable au produit de la vente de *sa propre marchandise,* à l'exclusion des intérêts publics engagés que les conditions de son institution même lui font un devoir de protéger.

L'orateur du Sénat énumère les griefs exposés par le pétitionnaire, et qui se traduisent par le manquement absolu à la mission imposée par la constitution de la Banque de France, qui est de fournir des capitaux au commerce, d'escompter son papier; — ce qu'elle n'a pu faire en immobilisant son capital, en ne faisant rien pour multiplier ses comptes-courants, en laissant sans intérêts les dépôts, en livrant au service des grandes affaires les capitaux dont elle privait le commerce, en prêtant à l'État, au Trésor public , en prêtant à des échéances indéfinies sur des dépôts de valeur de toute nature. — « Ces conditions, ajoute M. le sénateur Le Roy de Saint-Arnaud, que vous auriez dû remplir et *que vous n'avez pas remplies,* expliquent la situation dans laquelle vous vous êtes trouvés plusieurs fois.»

De ces considérations découle cette conséquence que si la Banque de France a été instituée dans un but défini, dans le sens indiqué ci-dessus, il s'est formé entre les parties contractantes (l'État stipulant au nom de l'intérêt public, et une réunion de capitalistes spéculateurs) un contrat synallagmatique, basé sur les conditions respectivement propres aux parties soumises dès-lors aux règles du droit qui régit la matière.

Or, la Banque de France a-t-elle réalisé les conditions qui lui sont imposées en échange du privilége dont elle est investie? a-t-elle satisfait et satisfait-elle aux conditions de son institution, qui est de fournir des capitaux au commerce, d'escompter son papier? — Les griefs dont M. le sénateur Le Roy de Saint-Arnaud s'est fait l'organe devant le Sénat répondent

catégoriquement NON : « Ces conditions que vous aurirz dû
« remplir et que vous n'avez pas remplies... » cette inexécution
des conditions appelle la sanction à laquelle est soumis
tout contrat bilatéral ; — cela est aussi péremptoire qu'élé-
mentaire.

Poursuivant l'examen de la pétition, M. le sénateur Le Roy
de Saint-Arnaud, appelant l'attention du Sénat sur le taux
exagéré de l'escompte, fait remarquer que « les 8 0/0 de la
« Banque de France ne résument pas complétement le sacrifice
« que doit subir le commerçant lorsqu'il veut faire escompter
« ses valeurs. Il ne peut aller *directement* à la Banque, où il
« est inconnu ; il est obligé de passer par l'intermédiaire du
« banquier qui dit : l'escompte de la Banque est à tant ; et cette
« situation intermédiaire s'exprime naturellement par un sup-
« plément d'escompte.

« Ainsi, continue-t-il, de quelque façon que vous envisagiez
« les choses, dès que l'escompte atteint un certain prix , il est
« onéreux pour celui qui en a besoin. La vraie difficulté, c'est
« de chercher le moyen d'empêcher le commerçant qui a besoin
« d'escompter son billet de faire sur l'escompte une perte inu-
« tile, si ce n'est pour la Banque. »

Pour cela, il faut changer la nature du dispensateur du crédit : d'une individualité ou collectivité *intéressée*, en faire une
universalité *désintéressée*. Autrement, il y aura toujours antagonisme, déchirement. Il ne faut pas mettre l'intérêt particulier aux prises avec l'intérêt général; il faut fuir cette lutte
génératrice du désordre. C'est du malaise de l'industrie et du
commerce, de leurs intérêts en souffrance que, tout en sauve-
gardant ses propres intérêts, la Banque de France bénéficie.
C'est là un fait qui, par extension, est attentatoire à la morale
publique.

A l'intérêt individuel d'une association particulière, à la soif
du gain qui caractérise toute spéculation financière , — et les
actions de la Banque de France ne sont pas autre chose, —
que l'on substitue l'intérêt de l'universalité dont l'Etat est le
mandataire, intérêt qui se résume dans le développement de
la richesse sociale à l'aide du *crédit à bon marché*, qui, *stimu-
lant la production*, appelle la *consommation* et satisfait ainsi
aux conditions complexes de la fortune publique et du bien-
être individuel : — *produire* et *consommer*.

« Et pourquoi, fait remarquer l'orateur du Sénat, l'escompte

« est-il si élevé ? Est-ce à cause de troubles qui existaient dans
« le commerce intérieur? — Pas le moins du monde. Est-ce
« parce que le numéraire échappe et devient rare? — Pas le
« moins du monde. C'est parce qu'il se passe un fait écono-
« mique au-delà du détroit ou ailleurs, je ne sais dans quel pays.
« La banque est en éveil, elle écoute, elle est prudente ; il va
« y a avoir, dit-elle, un mouvement qui va faire disparaître
« mon encaisse; il faut que j'arrête la sortie de mes fonds. Et
« comment agit-elle? Elle élève l'escompte. Ainsi, il arrive des
« circonstances fréquentes dans lesquelles la vigilance de la
« Banque est souvent heureusement trompée , dans lesquelles
« elle commence par prendre des *précautions très-cruelles,*
« *très-onéreuses pour le commerce,* et que l'on accepte comme
« des faits nécessaires ; et une fois que toutes ces précautions
« sont prises, la Banque de France reconnaît qu'elle a eu une
« frayeur non justifiée ; elle ramène alors son escompte à l'é-
« chelle normale, mais LE MAL EST FAIT. »

Le mal est fait !.. Rien de plus sinistre que ces quatre mots
jetant comme un défi à la justice. Oui, le mal est fait; nombre
d'établissements industriels, de maisons de commerce, d'ex-
ploitations agricoles, aux prises avec les nécessités financières,
succombent aux rigoureuses et injustifiables mesures de la
Banque de France, consommant, sur des prévisions hypothé-
tiques qui ne porteraient, vinssent-elles même à se réaliser,
qu'une insignifiante atteinte à ses immenses bénéfices, la ruine
d'honorables et de laborieuses familles.

Le mal est fait ! par incurie, par incapacité ou par *défaut de
prudence,* nous n'allons pas outre. — C'est ici que pour l'honneur de notre législation surgit cette suprême égide à l'abri de
laquelle vient se placer toute victime d'un fait arbitraire.

En définissant le quasi-délit, en en édictant la sanction, le
législateur n'a point entendu consacrer une vaine formule, et
le *mal* dont parle à bien juste titre M. le Sénateur, qu'il soit
le résultat de l'incurie, de l'incapacité ou du *défaut de prudence,* — et, dans l'espèce présente, par cela même, rentre
sans conteste dans la catégorie des faits tombant sous l'application de l'article 1382 et 1383 (1) du Code civil. — Voilà le
droit commun !...

---

(1) Article 1382 : « Tout fait quelconque de l'homme qui cause à autrui un dom-
« mage, oblige celui par la faute duquel il est arrivé à le réparer. »

Mais par une logique fatale, la Banque de France, qui déjà, par la faculté de l'élévation illimitée de son escompte, est en dehors des limites du droit commun; qui, par l'inexécution des conditions de son institution, selon que le remarque M. le sénateur Le Roy de Saint-Arnaud, est en dehors du droit commun qui régit les conventions, la Banque de France se soustrait encore aux prescriptions de droit commun renfermées dans les articles 1382 et 1383 du Code civil, qui ont leurs racines dans les profondeurs de la morale, obligeant quiconque cause à autrui un dommage *par imprudence* (art. 1383) à réparer ce dommage (art. 1382) (1).

« La Banque de France est en éveil; elle écoute, elle est pru-
« dente; il va y avoir un mouvement qui fera disparaître son
« encaisse; et, pour arrêter la sortie des fonds, elle élève son
« escompte. » — Mais le mouvement auquel elle a cru ne se produit pas; elle n'a rien vu, rien entendu de déterminant. Ses fonds restent, grossissant son encaisse; sa *prudence* en défaut devient au premier chef un acte d'*imprudence* funeste aux intérêts en cause. « Le mal est fait!...... » — Tout ceci, qu'on le remarque bien, se passe sous le bénéfice de la plus complète sincérité. La Banque de France a cru de bonne foi, et sa frayeur n'est pas douteuse. La *bonne foi*, c'est là précisément ce qui caractérise le *quasi-délit*, la sincérité, l'incapacité ou l'*imprudence* qui en procède. Mais c'est là un fait du for intérieur auquel, dans l'espèce, nous rendons hommage.

Le *quasi-délit* dont nous argumentons, nous venons de le dire, n'a pas besoin d'une déplorable hypothèse qui, du reste, changerait la nature du grief. Nous devons reconnaître toute l'honorabilité du personnel de la Banque de France. Mais est-il donc malséant d'appliquer à la Banque de France la supposition faite par M. le comte de Germiny pour le besoin de son

---

Article 1383 : « Chacun est responsable du dommage qu'il a causé, non-seulement « par son fait, mais encore par sa négligence ou *par son imprudence.* »

(1) La jurisprudence vient tout récemment de se prononcer dans le sens de notre argumentation, et dans une espèce parfaitement analogue. Par arrêt de la Cour impériale de Paris, le chef d'un établissement s'est vu condamné à des dommages-intérêts en faveur d'un ouvrier blessé dans l'exécution des ordres reçus. L'*avertissement* avait été funeste à l'ouvrier, qui, — comme le commerçant vis-à-vis de la Banque de France, — restait cependant libre *de faire* ou de *ne pas faire*. Mais le juge a reconnu que l'ouvrier, — comme le commerçant, — agissait par nécessité; qu'il était dès-lors dominé par une *condition morale* qui donnait ouverture à des dommages-intérêts résultant du préjudice causé.

argumentation dans la question de compétition de deux établissements de crédit? Est-il donc malséant de supposer que,
tant honorable soit-il, un personnel est néanmoins faillible, et
que tel qui résiste aujourd'hui, demain peut succomber? que,
placé dans cette situation à double sollicitation dont nous
avons dit un mot plus haut, ce personnel puisse accidentelle-
ment ne pas résister avec une égale puissance à la fascination
que certains faits exercent sur les intérêts de qui tient en main
un monopole?

Eh bien! contre ce fait qui perd le caractère du *quasi-délit*
la société est encore désarmée. Elle ne peut, de par le fait du
privilége qui couvre la Banque de France, demander à celle-ci
compte de son arbitraire.

Fondée ou non, serait-il répondu, j'élève le taux de mon
escompte, *sic volo, sic jubeo, sit pro ratione voluntas.*

C'est au plus haut degré l'expression du despotisme sans
responsabilité. Et dans quelles conditions encore? Dans ce que
l'on est convenu d'appeler le nerf des Etats; dans ce qui, au
gré d'une volonté arbitraire, peut bouleverser, pressurer ou
appauvrir les nations. Nous l'affirmons ici, sans crainte d'être
démenti, les finances aux mains d'une catégorie privilégiée de
droit, ou privilégiée de fait de par ses immenses capitaux,
c'est, au cœur d'une nation, une soute à poudre dont la mèche
toujours allumée est à la disposition de cette oligarchie toute-
puissante. Le devoir de l'Etat, dont la mission est de favoriser,
avec le progrès moral, le développement de la richesse publique, la sécurité de la production, l'intérêt général, s'unissent
pour protester énergiquement contre un tel état de choses.

Si, par le fait de votre *imprudence*, l'élévation de l'escompte
était inutile, elle était arbitraire puisque rien ne la justifie ; et
pour le commerçant forcé d'avoir recours directement ou indi-
rectement à l'escompte, cette élévation est un acte de violence
morale qui l'obère, qui le ruine.

Le banquier règle son escompte sur le taux de la Banque de
France. Dès qu'il s'élève, non-seulement le banquier en fait subir le contre-coup à sa clientèle, mais il restreint ses négociations. Le commerçant reste dès-lors avec ses valeurs mortes ;
sans argent, il suspend ses payements. Il est frappé de discrédit, et sa ruine est complète. *Le mal est fait !...* — Les dividendes
de la Banque de France montent à 30 0/0, et ses actions arri-
vent au quadruple de la valeur de leur émission...

Encore si la Banque de France confessait l'erreur de ses appréciations ; si, après avoir élevé successivement de 4 à 10 son escompte motivé par l'*état des affaires* qu'elle avait mal jugé, l'état des affaires n'ayant éprouvé aucun péril ; si, reconnaissant qu'elle s'est trompée, la Banque de France repoussait les avantages que lui apporte à flots d'or son erreur, si funeste à tant de commerçants, et qu'avec une franchise qui l'honore elle se démît, comme indûment acquis, du fruit de la surélévation *imprudente* du taux de son escompte, elle se placerait au-dessus des clameurs, et, sans être cependant à l'abri de reproches faits à son incapacité, à son défaut de rectitude d'appréciation, à sa justesse de vue, elle ne donnerait prise, même gratuitement, à nul soupçon de triste nature.

Ce ne serait incontestablement point là réparer le mal matériel fait à la fortune publique ; mais ce serait prévenir le mal moral qui pourrait frapper l'institution.

Pendant une moyenne de six mois, votre escompte a atteint une surtaxe de 3 0/0 ; vous escomptez, à Paris et dans vos succursales, dans cette période, 3 milliards de valeurs qui vous créent au-dessus du taux normal de vos escomptes un produit en excédant de 90 millions prélevés sur la production, sur le travail que vous avouez *être déjà* en souffrance. — Regardez où conduit la logique de vos aperçus : Vous précipitez la ruine du commerçant que vous voulez sauver. Vous n'avez que de bonnes intentions, nous l'avons déjà dit ; mais n'est-ce pas là le pavé de la fable ? Quoi qu'il en soit, vous ne devez pas bénéficier d'une position si désastreuse due à votre *imprudence*. Ce qui est indûment entré dans vos caisses doit dûment en sortir afin d'équilibrer avec la justice le poids de ces caisses. Cette erreur de 90 millions doit se balancer par un découvert d'égale importance. Vous auriez donc à baisser le taux de votre escompte tant et jusqu'à ce que vous ayez établi par profits et pertes le solde de votre exercice sur la normale de votre escompte, et justice sera faite, et il sera vrai de dire qu'en élevant votre taux vous n'entendiez donner au commerce qu'un simple *avertissement*.

Cela ne réparerait point, nous le répétons, les pertes individuellement subies, car des chefs d'établissements que votre fluctuation n'aura pas ruinée, beaucoup sans doute ne seront point appelés à se récupérer aux avantages de la baisse ; mais la production générale en profitera, votre considération s'en fortifiera, et cela vous rendant plus circonspects, rassurera le commerce et l'industrie contre le trop facile retour de telles causes de ruine.

« Les sinistres éprouvés par le commerce de Paris, a dit uu
« ancien président du tribunal de commerce de la capitale, .
« peuvent être attribués à des causes différentes : D'abord les
« spéculations hasardeuses, celles conçues dans des propor-
« tions déraisonnables, *les craintes des capitalistes qui ont*
« *fermé aux petits commerçants et aux modestes industriels*
« *les sources pécuniaires auxquelles ils avaient l'habitude de*
« *puiser*, et dont la suppression a déterminé la chute (1). »

Ce fait d'observation, qui s'applique à une époque décennale de 1836 à 1847, a subi une désolante progression, car les causes qui l'ont produit se sont de plus en plus aggravées par les mesures recrudescentes de la Banque de France. Les craintes des capitalistes et banquiers, ce sont les déterminations de la Banque qui les font naître, et, ainsi que l'a parfaitement remarqué M. le sénateur Le Roy de Saint-Arnaud, la foudre partie de la rue de la Vrillière vient frapper le commerce et l'industrie en passant par le fil métallique qui relie les distributeurs d'argent surenchérissant sur les mesures de la Banque de France.

M. le sénateur Le Roy de Saint-Arnaud, jetant un coup-d'œil rétrospectif sur les comptes-rendus des gouverneurs de la Banque de France, remarque que ces comptes-rendus
« disent avec énergie et persévérance, avec une sorte de répé-
« tition incessante que *la Banque est restée invariable dans*
« *son escompte*, et qu'elle s'en fait un mérite auprès des con-
« tribuables et du commerce... Ce n'est qu'en 1857, lorsque
« la dernière loi de prorogation s'est produite, *qu'on a vu*
« *quelque peu* changer le langage du gouverneur de la Banque,
« homme très-honorable, très-savant, que nous aurons, je
« crois, le plaisir d'entendre dans cette discussion. Il a dit :
« *les fluctuations de l'escompte sont un fait nécessaire; on*
« *ne peut les éviter.* C'est la question de la réaction du marché
« public sur la Banque elle-même. » — Que deviennent, en présence des affirmations présentes, de M. le comte de Germiny, les affirmations contraires qui résultent des *comptes-*

---

(1) *Rapport* de M. Bertrand, président du tribunal de commerce de Paris.

rendus des prédécesseurs de M. de Germiny, établissant comme *un principe ferme* l'invariabilité de la Banque dans son escompte... — « Il faut reconnaître, ajoute l'orateur du « Sénat, que le principe de la loi qui autorise la Banque de « France à élever le taux de son escompte au-dessus de 6 0/0, « se base sur la solidarité qui existe entre la Banque de France « et les banques voisines.

« Cette solidarité, fait observer M. Le Roy de Satnt-Arnaud, « a existé dans tous les temps...... La Banque de France avait « soin (avant 1857, date de sa mise en dehors du droit com- « mun), quoiqu'elle maintînt le taux de 4 0/0, de faire ressor- « tir qu'alors même *où l'escompte était faible à la Banque de « France, il montait dans les pays voisins beaucoup plus haut « et atteignait quelquefois jusqu'à 15 et 18 0/0.* »

La Banque de France, cependant, n'en maintenait pas moins alors l'encaisse nécessaire au remboursement aléatoire de ses billets. D'où vient donc que tout à coup et par un renversement de la normalité des choses qui, selon les paroles de M. le sénateur Le Roy de Saint-Arnaud, « *ont fait la gloire de l'ad- « ministration de la Banque de France,* » la Banque de France, perdant les conditions de sa gloire, se voit obligée, pour parer aux éventualités d'outre-monts ou d'outre-mer qui menaceraient son encaisse, d'élever son escompte au-dessus de la normalité consacrée par une pratique d'un demi-siècle (4 0/0), encore bien que *dans les pays voisins le taux atteignait quelquefois jusqu'à 15 et 18 0/0.*

Un relevé très-instructif, à coup sûr, éclairerait cette question : c'est celui qui établirait la moyenne des bénéfices faits par la Banque de France, depuis sa création jusqu'à l'époque de sa *mise en dehors du droit commun*, et la moyenne de ses bénéfices à partir de 1857 jusqu'à cette heure.

La différence proportionnelle entre ces deux périodes jetterait un jour précieux sur les rapports de la Banque de France avec l'industrie manufacturière, le commerce et l'agriculture, en même temps qu'elle fournirait les moyens d'apprécier la valeur économique et morale, c'est tout un, des agissements de cet établissement de crédit public.

Si les bénéfices de la Banque de France sont aujourd'hui, sous l'empire *de la liberté illimitée du taux de l'escompte*, ce qu'ils étaient alors que la Banque, *maison de crédit*, était soumise aux prescriptions *de la loi commune*, les clameurs erronées dès lors cesseront, et la critique se courbera devant la *prudence* de l'esprit qui la gouverne.

Mais si le contraire résulte de cette enquête, —et celle qui est pendante à cette heure ne peut être complète qu'à cette condition,— si la loi de 1857 a ouvert à la Banque de France une source de bénéfices jusqu'alors inconnus; si les répartitions, les dividendes, les intérêts sont en raison directe de la surélévation du taux de l'escompte, la main qui dirige l'établissement *fondé en vue d'être utile au commerce, à l'industrie et à l'agriculture*, à la production en un mot, se fourvoie, insciemment à coup sûr; elle fait affluer dans les caisses de cet établissement l'or qui, prélevé sur les éléments de la richesse sociale, paralyse et ruine ce qu'elle a pour mission de féconder, de stimuler et d'enrichir.

Il y a dès-lors urgence à mettre un terme à un tel état de choses, dont la continuation précipiterait, avec la ruine du commerce, de l'industrie et de l'agriculture, la ruine de l'Etat.

L'enquête était donc d'urgence impérieuse, une nécessité pressante appuyée sur d'incontestables *motifs d'ordre public*.

Qu'est-ce donc, dans une société assise sur des principes d'égalité devant la loi, que la mise hors la loi d'un établissement fondé sur l'intérêt privé? Une anormalité, quelque chose qui participe tout à la fois et de l'intérêt personnel et de l'intérêt public, une chose transitoire entre celui-là et celui-ci qui doit en être le nécessaire aboutissement.

Voilà ce que n'a pas aperçu l'*habileté* qui a sollicité pour cet établissement ce privilége de mise hors la loi, et qui, dans une autre enceinte , sollicite la disparition de cette choquante situation par la révision de la loi de 1807, dont l'abrogation demandée mettrait les pratiques financières de cet établissement à l'abri sous les ruines d'une loi protectrice de l'ordre social.

En accordant ce privilége énorme à la Banque de France, en faisant sortir cet établissement des voies légales où se meuvent les autres établissements de crédit, l'Etat l'a marqué de son sceau. L'*utilité publique*, mise en avant par la Banque de France, a déterminé cette infraction à la loi commune. C'est un préalable, c'est le premier pas de l'Etat dans sa protectrice intervention en matière de *crédit social*. Attendons avec confiance, comme résultat de l'enquête, le second pas de l'Etat commandé par l'*utilité publique*.

M. le comte de Germiny, gouverneur honoraire de la Banque de France, répondant aux articulations si nettes, si précises, si catégoriquement formulées de M. le sénateur Le Roy de Saint-Arnaud, fait état de modération.

« La modération, dit-il, est l'un des précieux priviléges des « intelligences d'élite. N'est-il pas vrai qu'il est particulière- « ment utile de la pratiquer en matière de crédit? Et pour qu'il « en soit ainsi, rien de plus indiqué que la mobilité du taux « de l'escompte, rien de plus tutélaire que l'unité de circula- « lation aux mains d'une institution unique. »

Est-il bien vrai de dire que la modération est le privilége des intelligences d'élite? Nous n'aborderions point ici cette ques-tion qui, en thèse absolue, a sa place ailleurs, si ce privilége des *intelligences d'élite* n'était revendiqué en vertu du privi-lége de la Banque de France.

La modération est un juste-milieu qui diffère essentielle-ment des hauteurs où se meuvent les intelligences d'élite, et, tout particulièrement, s'il est un élément qui ne comporte pas la modération, c'est assurément le *crédit*.

Le crédit modéré eût-il, en économie politique, créé le ré-seau ferré de la France? eût-il, au point de vue de la défense nationale, transformé notre flotte? — En industrie privée, eût-il formé ces puissantes associations qui fécondent les ré-gions où leur influence pénètre?

Passons le détroit. Le crédit modéré eût-il sauvé l'Angleterre de Pitt de la ruine politique qui la menaçait? Le crédit mo-déré, affirmons-le donc énergiquement, est la négation d'un esprit élevé ; c'est le terre à terre de l'escompteur qui suppute le soir le gain que la journée lui apporte, sans horizon, sans idéal. Le *criterium* de la diffusion du crédit, c'est l'utilité, et l'utilité ne comporte pas de tempéramment.

D'ailleurs, la modération du crédit surgirait-elle bien de la mobilité de l'escompte? La modération devrait être désinté-ressée, car elle implique une action pondératrice qui n'est point dans l'espèce où la pose M. le comte de Germiny. Par la mobilité de l'escompte dans la balance où se pèsent les intérêts en cause, le plateau de la Banque l'emporte démesurément. Et au surplus, est-il bien moral, dans une question aussi grave que l'est celle où deux intérêts antagonistes sont en présence,

— la Banque de France et la production nationale, — que l'un de ces intérêts, — la Banque de France, — soit juge et partie en la cause !

Ah ! nous comprendrions qu'en de telles occurrences, nécessitant la MODÉRATION DU CRÉDIT, intervînt un tiers désintéressé qui, en dehors de toutes préoccupations personnelles, ne jugeant que la situation, décidât du taux plus ou moins élevé de l'escompte. Mais décréter, de par l'omnipotence de son privilége, en vue de ses propres intérêts, fatalement en opposition avec les intérêts des tiers engagés qui réclament et qui périclitent, il y a là un choquant disparate avec les plus vulgaires notions de la justice. La modération est incompatible avec cette situation ; c'est le tranchant d'une épée qui se fait la part du lion.

« Quiconque voudra faire plus que ne fait la Banque de « France (c'est M. le comte de Germiny qui l'affirme), dirigera « infailliblement vers le cours forcé notre riche et si belle pa- « trie, » dont la production verse aux mains de la Banque de France des dividendes « de 18, 25 et même 30 0/0. »

Et, dirons-nous à la Banque, peu mémorative, qui vous a sauvé de toutes les passes difficiles et peut-être suprêmes dans lesquelles vous vous êtes trouvée ? Le *cours forcé*. Ne soyez donc point ingrate à l'égard de cette mesure que vous qualifiez dédaigneusement de révolutionnaire.

Cela prouve du moins que pour vous même, qui la dédaignez, la révolution a du bon. Qui ne sait, en effet, que sans le cours forcé des billets de Banque décrété par le Gouvernement de 1848, la ruine de cet établissement était peut-être consommée. Or, que représentait le Gouvernement provisoire ? — Le pays. Il n'est donc pas exact de dire, avec la supplique attardée de la Banque de France, que cet établissement « est, pour « le pays, la plus solide base de son crédit, qu'elle a sauvé de « plus d'une catastrophe, » alors que la vérité est que cet établissement recevait du pays, qui en accréditait les billets, la revivification de son crédit épuisé.

Par situation, par nature et tactiquement, vous avez été gé- minée à toutes les royautés, sans distinction de cocarde ; vous avez dû, conséquemment, subir le contre-coup de leurs infortunes. Pour en adoucir les atteintes, vous vous êtes prudemment tournée vers le parti triomphant, et vous avez subi du pouvoir nouveau un acte de salut ; vous avez sollicité le *cours forcé.*

La révolution alors vous sauvait, et avec vous le crédit public, *en violant* vos statuts. Et voyez l'éclatante vérité jaillir ici des contrastes : Votre retour à la fidélité du contrat met en péril le crédit public et provoque les révolutions que trop souvent la misère suscite, tant il est vrai que l'esprit de votre institution est antipathique à la nation, est réfractaire au libre et normal développement de la richesse publique.

Se reposant sur les souvenirs historiques du Sénat, M. le comte de Germiny « croit inutile, dans cette enceinte où « l'on sait si bien l'histoire du passé, de rappeler l'abus du pa- « pier-monnaie et des assignats, les angoisses des Etats pauvres « en numéraire, n'ayant encore au service de leur civilisation « que des variétés infinies des coupures sans nombre de mon- « naies fiduciaires ; leurs efforts impuissants à reprendre leurs « payements en numéraire, sans lesquels on ne peut, dans les « crises alimentaires, acheter des blés, ou, en cas de guerre, « faire campagne. »

Aux assertions de M. le sénateur comte de Germiny, M. le sénateur Le Roy de Saint-Arnaud répond :

« Le numéraire de toute l'Angleterre est de 1500 millions ; « celui de la France, de 6 à 7 milliards. Il n'y a pas de com- « paraison à établir entre ces deux situations. Le numéraire est « peu de chose en Angleterre. »

Le rapprochement du numéraire propre à chacune de ces deux nations offre ce saisissant phénomène que dans ces deux pays le chiffre des affaires est en raison inverse du numéraire.

M. le gouverneur honoraire de la Banque de France n'a pas été précisément heureux dans le choix de ses arguments.

Du reste, « dans cette enceinte, où l'on sait si bien l'histoire du passé, » de combien d'honorables sénateurs ces paroles n'auront-elles point remué les souvenirs ? — Où était le numé-raire qui soldait les armées de la première République battant la soldatesque des vieilles royautés regorgeant de numéraire ? Et l'histoire du présent ne nous dit-elle pas, par ce qui vient de se passer de l'autre côté de l'Atlantique, que le numéraire n'est pas absolument nécessaire pour lever et entretenir chez un peuple libre de formidables et invincibles armées.

Quant au numéraire destiné à *solder, dans les moments de crises alimentaires, les achats de blé*, nous objecterons ceci :

Il est de vérité économique que les crises alimentaires ne sont point une cause, mais une conséquence des crises financières ; et que celles-ci, c'est la spéculation, l'incurie ou l'incapacité qui les fomente ; que les choses de première nécessité peuvent atteindre un chiffre élevé, mais que ce chiffre sera toujours couvert par les avantages d'une féconde production, d'un travail non enrayé. **M.** le comte de Germiny — à coup sûr ce n'est pas là l'idéal de ses conceptions — semblerait n'envisager l'argent qu'à ce double point de vue : Des soldats et du pain. Nous ne chercherons point à faire ressortir ce qu'aurait d'incomplet une semblable théorie, nous nous bornerons seulement à faire remarquer qu'appliqué, sans les restrictions d'une *prudence faillible*, aux besoins de la production, l'argent, ou le crédit qui en tient lieu, multiplierait la richesse sociale qui ferait, de toute réserve de numéraire pour achats éventuels de blé, une superfétation, et, par la diffusion du bien-être portant sa contagion au-delà des frontières, rendrait également inutile la solde en réserve des armées, dès-lors sans raison d'être.

M. le comte de Germiny entre dans les détails où nous le suivons.

« A raison de 0 fr. 15 c. le demi-kilogramme, la dépense en
« pain que fait la population de l'empire est de 5 millions 400
« mille francs par jour, soit deux milliards par an. Si le prix du
« pain s'élève de 0 fr. 01 c. par jour, la dépense augmente aussi
« par jour de fr. 360,000. Ce que la récolte n'a pas donné, il
« faut le payer à l'étranger souvent avec des espèces. Quelle
« peut être la proportion de ces achats? Elle est commandée
« par l'insuffisance de la récolte. C'est-à-dire que si l'on doit
« introduire, par exemple, pour 0 fr. 03 c. de blé par tête de
« consommateur et par jour, l'exportation du numéraire, quand
« nos produits industriels ne sont pas, par les balances du com-
« merce, acceptés en payement, peut dépasser un million par
« journée. L'exactitude de ces calculs a été cent fois prouvée.
« De telles éventualités n'imposent-elles pas le devoir de rester
« riche en numéraire? »

Tout d'abord, la preuve cent fois donnée, suivant M. de Germiny, de l'exactitude des calculs qu'il produit, ne prouve absolument *rien*, sinon que les mêmes causes produisent les mêmes effets, ce qui est à l'abri de toutes contradictions; mais cela ne prouve nullement qu'un mode de procéder contraire aux us et coutumes de la Banque de France, en brisant le cercle vicieux, si fatal aux intérêts de la production, dans lequel tournent les agissements de cet établissement de crédit, ne rendrait pas à la production l'essor qui la vivifie.

Une semblable pratique des affaires ressemblerait beaucoup à la conduite d'un détenteur d'un capital quelconque qui, au lieu de vivre de l'intérêt de son capital intelligemment placé, réserverait le capital pour faire face aux éventualités de l'avenir, en même temps qu'il prélèverait chaque jour de quoi subvenir aux nécessités du moment. C'est, du petit au grand, exactement la même chose.

A toute cette argumentation du terre à terre du chiffre, à cette théorie du myopisme, nous opposons cette simple réponse : — Il faut toujours que le numéraire se retrouve. S'il n'est pas dans les caves de la Banque, il sera ou dans les coffres des financiers subalternes, ou dans le comptoir du négociant, ou dans l'escarcelle du travailleur, à moins qu'il n'ait franchi la frontière. Dans cette dernière hypothèse, les lingots que l'étranger nous envoie, franchissant à leur tour le seuil de l'Hôtel-des-Monnaies, rétablissent la balance.

Suivons donc le raisonnement; il est spécieux, et il importe, car la question est délicate, de le dépouiller du relief prestigieux dont il se recouvre : l'*utilité*.

Le travail *va bien;* l'ouvrier perçoit un salaire rémunérateur ; il subit 0 fr. 03 c. d'excédant sur le prix du pain ; mais le travail continuant, il le paie. Cet excédant passe de ses mains aux mains du boulanger, puis celui-ci le remet aux mains du négociant en grains ou en farines qui, sans l'intermédiaire de la Banque de France, remarquons-le bien, le verse, aux frontières, aux mains de son vendeur. — Comment donc « de telles éven- « tualités imposeraient-elles le devoir , pour la Banque de « France, de rester riche en numéraire ? » — Nous avouons ne pas le comprendre ; à moins, toutefois, que les détenteurs du capital, en face d'une élévation du prix des céréales, ne pouvant plus jouer au terrible jeux des accaparements, ne resserrassent aussitôt le crédit dont ils sont les dispensateurs, n'enfouissent dans dans leurs caves les capitaux inactifs, et, paralysant le travail, le commerce et l'industrie, rendissent impossibles toutes les transactions, de telle sorte que, soufflant sur toutes les activités sociales un souffle de mort, ils ajoutassent aux désastres réparables d'une disette le gouffre sans fond de la misère.

Il y aurait bien quelque chose à ajouter : c'est que, par la diffusion du crédit *non modéré,* les deux tiers du sol encore en friche, promptement mis en valeur, rendraient, par l'abondance de la production agricole, toute disette impossible. Mais, du

point de vue où M. le comte de Germiny est placé, on embrasse difficilement les horizons des champs, où se meuvent pé-
niblement de modestes et laborieux agriculteurs pressurés par
les exigences du capital, quand ils ne sont pas paralysés par le
refus hautain de *sa prudence.* Hélas! les hauteurs où domine
l'hôtel de la Vrillère ne découvrent qu'une perspective retracée
de main de maître par les pinceaux de M. le gouverneur honoraire de la Banque de France, qui définit le crédit dans les
termes suivants :

« Le crédit, c'est la confiance, c'est la *certitude d'être payé,*
« c'est l'*assurance* que le billet de Banque, ou tout autre enga-
« gement *représentant le crédit, sera remboursé* lorsqu'il devra
« l'être. »

Rectifions la définition du *crédit,* suivant l'honorable gouverneur honoraire de la Banque. Si le crédit est la *certitude*
d'être payé, l'*assurance* d'être remboursé, comment la Banque
de France ou tout autre établissement de crédit, justifierait elle
l'énorme prélèvement fait sur les fonds avancés, en échange
d'une valeur à triple garantie, dont elle a la *certitude,* trois
fois acquise d'être payée, l'escompte à 8 et 10 0/0 de valeurs
qu'*elle a l'assurance* de se voir rembourser quand elles de-
vront l'être ... — De telles pratiques échappant à la loi commune protectrice du commerce, de l'industrie et de l'agriculture,
retombent évidemment sous la sanction de la conscience publique qui les condamne.

Mais dans toute société la conscience publique n'est que
l'aspiration vers la justice, il faut que cette aspiration revête
un corps, qu'elle s'affirme dans les conditions d'une organisa-
tion plus en harmonie avec les nécessités de la justice. Quoi!
les voies de la production sont devenues tout-à-coup difficiles :
le travail chôme et la consommation se ralentit ; la société est
en souffrance. — Vous élevez le taux de votre escompte, c'est-
à-dire vous aggravez encore les difficultés de la situation, c'est
votre manière de lui *venir en aide,* nous n'en examinons pas
le mérite, nous prenons le fait.

Pourquoi cette élévation? se justifie-t-elle par un certain
alea naissant des embarras du moment, par des *incertitudes*
que vous couvrez d'une surtaxe comme par une sorte de prime
d'assurance pour une traversée périlleuse? Pas le moins du
monde. Le *crédit est la certitude d'être payé* et, établissement de *crédit à coup sur,* vous n'escomptez que des valeurs

qui vous offrent *l'assurance d'être remboursées* lorsqu'elles doivent l'être. C'est là votre formel et précis aveu. — Dites-nous donc alors à quoi bon la surtaxe de votre escompte?

— A ralentir temporairement la production industrielle? — La production est un rouage qui une fois engrenée doit accomplir ses révolutions. M. le Ministre des finances Fould n'a-t-il pas péremptoirement démontré, contre vos prétentions, dans sa lettre à la Chambre de commerce de Lyon qu'à *aucune autre époque le portefeuille de la Banque de France n'avait atteint plus d'importance que depuis l'élévation du taux de l'escompte;*

— A paralyser le mouvement commercial? — Le commerce a ses échéances fixes sur lesquelles ne peuvent agir vos dispositions arbitraires, l'exagération de l'escompte. C'est encore ce que vous démontre cette même lettre de M. le ministre des finances.

— A tempérer le développement de l'agriculture? — Voilà votre action et sa funeste influence n'est malheureusement que trop certaine. L'agriculture est la source de tout travail; par l'élévation du taux de votre escompte, vous stérilisez ses sillons, vous couvrez de votre oxyde métallique le sol qu'il rend infertile.

Aux regards donc de l'industrie, du commerce et de l'agriculture, le surtaux de votre escompte est un moyen empirique qui ruine le tempéramment de l'industrie et du commerce et frappe d'étisie l'agriculture, il ne profite qu'à l'empiriste qui exploite à gros deniers ce remède prohibé par l'universelle loi morale et par le droit commun.

Ainsi vos *avertissements* impuissants à enrayer le développement de l'énergie industrielle et l'essor du commerce, avertissent seulement les capitalistes détenteurs de vos actions des énormes bénéfices qu'ils vont retirer des embarras qui frappent la production, transitoires s'ils n'étaient aggravés par une administration qui drape son incapacîté ou son incurie d'un superbe manteau de *prudence.*

Ainsi, encore une fois, vos escomptes exagérés ne réparent rien, vos avertissements sont impuissants, vos agissements ne sont favorables qu'à votre encaisse regorgeant de tout l'or dont s'épuisent à vos caprices les agents de la richesse sociale. Est-ce donc assez clair, et cette lamentable vérité se fera-t-elle vainement entendre?...

Vous ne prêtez *qu'à coup sûr*, et vous prêtez à 8 et 10 0/0...
— Le crédit qui se paie à un tel taux surtout, ne saurait être
l'assurance, mais l'ESPÉRANCE d'être payé.

M. le comte de Germiny fait diversion aux justes critiques
dont la Banque de France est l'objet, en articulant sous une
forme hypothétique des griefs qui ont dû aller directement à
leur adresse. Cette passe d'arme n'est pas sans intérêt pour le
pays. Laissons donc parler M. de Germiny :

« Voulez-vous me permettre de montrer le degré de l'impru-
» dence auquel pourrait s'élever l'esprit d'entreprise, la spécu-
» lation avec des billets de banque toujours accordés, toujours
» disponibles ? Admettez qu'une banque de circulation s'ima-
» gine d'enseigner et de pratiquer une doctrine qui dirait que
» les ressources du pays sont inépuisables, qu'elles sont capa-
» bles de tout, qu'il est inutile de payer au comptant tout ce
» que l'on fait, qu'il suffit de le devoir, car qui a terme ne
» doit pas. Admettez que pour l'application de tels principes,
» cette institution ou tout autre ait à sa disposition un privi-
» lége d'émission, que fera-t-elle ? Elle ne se refusera rien,
» encouragera toutes les entreprises, fera monter ou baisser
» les valeurs à son caprice, les achètera avec des billets de
» banque, sans souci de leur remboursement, ne présentant
» plus que le plus douteux avenir. C'est ainsi n'en doutez pas
» qu'on tromperait le public sur la situation du marché ; c'est
» ainsi qu'on achèterait à terme ce que l'on ne saurait payer.
» On éleverait le prix des choses au-delà de ce qu'il doit être ;
» c'est ainsi que maître de la situation parce qu'on aurait pas-
» sagèrement des moyens de crédit d'une puissance éphémère,
» on spéculerait à coup sûr, ruinant ceux qui n'ont pas les
» mêmes moyens, réalisant d'énormes différences qu'on con-
» soliderait au plus vite, en laissant au public et à l'avenir des
» masses de valeurs et d'affaires dont le public et l'avenir se
» tireraient comme ils pourraient. Avec beaucoup de billets de
» banque, que ne peut on pas en ce genre ? Supposez que la
» Banque de France au lieu d'être honnêtement administrée,
» put abuser ainsi de son privilége, et faire à l'aide de billets
» qu'elle peut émettre sans limite, l'abondance et le vide sur
» les marchés. Où serait la vérité, l'honnêteté de pareilles
» opérations ? Eh, bien ! tout est là. Permettez à une nouvelle
» banque de s'établir, ce sera si non le commencement des
» fictions que nous venons d'énumérer, du moins l'occasion

» des plus périlleuses transactions. »

C'est-là ce qu'on appelle combattre *pro aris et focis*. Le lopin en vaut la peine 30 0/0 de dividende. On se décide difficilement à se laisser concurrencer une telle curée... Pauvres pionniers de la production qui payez une telle dîme, attendrissez-vous donc sur tant de sollicitude !

De semblables digressions, car la question de concurrence n'était nullement posée devant le Sénat, de semblables digressions sont toujours fertiles en enseignements, enseignements d'autant plus précieux que dans l'espèce, ils émanent d'hommes riches d'une compétence gagnée par une longue pratique.

L'histoire recueillie dans l'enceinte où s'agitent ces instructifs débats, pourra toujours dire comment un établissement de crédit qui repose sur un privilége, mais qui n'est pas *honnêtement* administré peut réaliser d'énormes différences qu'on *consolide au plus vite*.

Quant au côté critique de l'argumentation de M. le comte de Germiny, il n'est pas à notre point de vue. Nous n'avons point à nous occuper des conditions de défaillance morale dans lesquels serait placé un établissement rival, laissant à son concurrent le privilége de la vertu dont il emprunte le manteau.

La Banque de France met son privilége sous la garantie de son honnêteté. L'institution dont M. le comte de Germiny trace la piquante silhouette, ou tout autre établissement emportant privilége d'émission, n'a-t-il pas le même refuge ?

De Pierre et de son conseil qui administrent telle institution de crédit, ou de Paul et de son conseil qui administrent telle autre institution, quel est le plus en titre d'honorabilité ? Si le caractère a pour épreuve l'intérêt, l'un et l'autre seront sollicités par la plus value des titres de leurs actionnaires, l'un et l'autre seront véhémentement affriandés par de fructueux écarts laissés par la fluctuation, et si facilement *consolidables*. Mais l'un et l'autre résistent et l'honnèteté triomphe, et ce triomphe renverse l'argumentation de M. le comte de Germiny.

Donc, dans cette hypothèse, nul péril pour la concurrence privilégiée. Mais l'hypothèse contraire tout naturellement se présente. Admettons un personnel accessible aux sollicitations de la faiblesse. Incontestablement on ne se recriera pas contre l'irrévérence d'une telle supposition, à moins que du vatican où elle semble péricliter, l'infaillibilité se glisse dans les caves de la Banque de France, pour aller ceindre de sa triple couronne

la tête d'un chef d'établissement de crédit , même entouré de
son conseil.

Où sont alors les garanties? — Une institution qui renferme
des éléments de perturbation sociale de telle nature qu'elle
dépend uniquement de l'honnêteté ou de la malhonnêteté du
personnel qui la gère, est une institution jugée qu'il faut s'em-
presser de remplacer par une institution reposant sur les inal-
térables conditions de l'intérêt public.

Dès lors, plus de spéculations, plus d'achats à l'aide de
billets d'émission qui réalisent au détriment de la fortune de
l'immense majorité d'inavouables bénéfices qu'on s'empresse
de consolider, plus d'achats exagérés qui élèvent le prix des
choses, parce que-là où l'intérêt public commande et dispose,
il n'y. a point d'intérêt particulier à satisfaire, et péremptoirement parcequ'il n'y a point d'acheteurs.

La spéculation n'est plus seulement contenue par l'honnêteté
de l'homme, essentiellement faillible, variable, incertain, l'honnêteté devient dès lors de l'essence de l'institution qui ne peut
faillir à elle-même.

« Si la Banque de France donne tout ce qu'elle peut raison-
» nablement donner, à quoi bon, continue M. de Germiny, une
» nouvelle banque à laquelle il faudra une part dans les res-
» sources métalliques du pays. part qu'elle ne peut que prendre
» à la Banque de France. Ou bien, sans souci de son encaisse,
» elle émettra des billets qui représenteront le néant, parce
» que le pays n'a pas deux richesses métalliques à mettre à la
» disposition de deux banques ; il n'en a qu'une qui suffit à
» peine à la Banque de France et à l'activité des affaires
» courantes. »

C'est toujours la même ritournelle sur l'air de la concurrence,
chantée en fausset par la compétition d'ordinaire peu charitable
à l'endroit de l'intérêt antagoniste. Nous ne voyons pas autre
chose dans les paroles que nous venons de citer qui montrent,
le cas échéant, l'établissement rival, sans souci de son encaisse,
émettant *des billets qui représentent le néant.*

Nous l'avons dit, à part l'intérêt que commande la justice,
dans les voies de laquelle nous n'apercevons pas cette argumentation, il n'y a rien-là qui touche à la grande cause de la
production. Aussi laisserons-nous l'orateur plaider pour le
numéraire en faveur des caves de la Banque de France, comme
s'il se présentait, nous laisserions le champion adverse plaider

en faveur de ses valeurs nouvelles reposant sur la production nationale décuplée, véritable représentation de la richesse publique. Mais nous croyons devoir insister sur cette vérité, que c'est à tous les points de vue une dangereuse faveur que celle qui a pour effet de concentrer dans une même main non seulement la totalité des ressources métalliques d'un pays, mais encore le droit de les multiplier par une émission illimitée de billets. Quelle responsabilité plus grande au vis-à-vis de la fortune publique ainsi suspendue à l'arbitraire sans contrôle d'un établissement de crédit! — En principe, point de responsabilité illusoire; la morale, le droit, la justice en établissent l'inéluctable sanction.

Entraîné par un mouvement oratoire, M. le comte de Germiny s'écrie :

« A quoi bon violer un privilége... »

Le mot est heureux, et il restera. Violer un privilége qui est lui-même une *violation* du droit commun... Ce que c'est que le langage... On appellerait cela violer le sens des mots, mais il vaut mieux s'en tenir à la violation de la violation, c'est plus original.

« Laissons donc à la Banque de France son privilége, con-
» tinue M. le gouverneur honoraire de la Banque de France,
» à cette heure lui appartenant pour plus de trente années
» encore, tant de fois renouvelé pour le plus grand bien des
» affaires toujours protégé par les plus éminents orateurs!
» Tout ce qui touche au crédit d'une nation doit être comme
» la nation elle-même. Tous les règnes, tous les pouvoirs publics
» depuis soixante ans ont concouru à le faire ce qu'il est, à le
» perpétuer, et l'unité de la circulation est un bienfait ajouté
» à bien d'autres, un progrès de la circulation. Laissons-le donc
» intact et sans partage, et croyons ce qui est d'une évidente
» réalité, que s'il était possible de faire plus la Banque de
» France le ferait, *car on ne refuse pas de gagner, de déve-*
» *lopper des bénéfices*, et quand pour prospérer il suffit de tra-
» vailler, on travaille. Mais une autre école veut autre chose,
» elle veut peu travailler et conquérir par le jeu et les spécu-
» lations, la fortune et la puissance conquises ailleurs par le
» temps, conquises à la Banque par soixante quatre ans de
» prudence et de labeur. »

N'avions-nous donc pas raison de dire qu'une telle discussion ne serait pas sans fruit, qu'elle portait avec elle un haut

enseignement, qu'elle serait pour le public producteur un trait
de lumière qui démasquerait les batteries de la finance qui le
battent en brèche. Il n'est pas possible d'entendre rien de plus
explicite concernant l'antagonisme entre la Banque de France
qui s'ingénie à *développer des bénéfices*, et la production qui
s'épuise à les lui fournir.

En dehors de cela, toujours les mêmes préoccupations : ne
point partager le gâteau, d'où de véhémentes et peu charitables
insinuations, à l'endroit de son hypothétique compétiteur. Dans
un tel état d'esprit, M. le comte de Germiny avait-il assez de
liberté morale pour prendre part à une discussion où de si
graves intérêts sont en cause? — Nous ne le pensons pas.

Laissons donc à la Banque de France son *privilège intact*
et *sans partage*, dit M. le comte de Germiny, laissons la en
paix jouir encore trente années de ce privilège à l'aide duquel
elle a déja quadruplé sa fortune, sans compter les énormes
bénéfices de ses annuités où figurent des dividendes de 30 0/0;
ne lui faisons aucun reproche, s'*il lui était possible de faire
plus, la Banque de France le ferait, car on ne refuse pas de
gagner, de développer des bénéfices.*

C'est là certes une logique qui relativement aux intérêts de
la Banque ne laisse rien à désirer. Mais là n'est pas la question.
Il ne s'agit point ici de savoir si la Banque peut ou non tirer
un meilleur parti de son privilège, si elle refuse de gagner, si
elle néglige de développer des bénéfices. De telles questions
se trompent d'enceinte. On les concevrait dans la salle des con-
férences des actionnaires, mais au Sénat elles ne sont point à
leur place.

La Banque de France est instituée pour protéger le commerce et l'industrie à qui elle doit fournir de l'argent, de qui
elle doit escompter les valeurs. La Banque de France réalise-
t-elle les conditions de son institution quand elle se soustrait
à l'escompte en élevant le taux outre mesure et deux fois usu-
raire, selon le droit commun? La Banque de France est-elle à
la hauteur de sa mission quand pour livrer à la production le
capital qui vivifie le travail, elle l'enchaîne d'un triple lien de
signatures, trois fois responsables? — Telle est la question.

Mais faire état d'une *fortune et d'une puissance acquises* par
soixante-ans de privilége et de monopole, et se retrancher derrière cette fortune et cette puissance pour repousser, au nom de
cette infraction au droit commun, les impérieuses nécessités

de l'intérêt public, non seulement on ne satisfait point aux données de la question, mais on ne paraît pas heureusement inspiré quand pour le besoin de sa propre cause, on prête gratuitement à des prétentions rivales des sentiments auxquels s'attache le discrédit.

« Les jours où la Banque de France, poursuit M. le comte
» de Germiny, élève le taux de son escompte on l'accuse de
» n'avoir d'autre souci que celui d'assurer de beaux dividendes
» à ses actionnaires et de vouloir étendre indéfiniment le prix
» de ses actions. Jugez, Messieurs, et sachez d'abord que le
» produit de l'élévation de l'escompte n'est pas distribué aux
» actionnaires au-delà de 6 0/0, telle est la loi. Quant aux ac-
» tions elles ont été émises au prix de 1000 fr. l'une. Or, après
» soixante-quatre ans de services rendus, de travail que vous
» avez pu apprécier, ces mêmes actions valent aujourd'hui
» 3360 fr. à 3400 fr. c'est-à-dire que leur valeur n'a pas grandi
» de 40 fr. par année. Est-ce ou non, Messieurs, la juste, mais
» aussi la plus modeste conséquence de la plus honorable car-
» rière? Et tandis qu'elle se contente de ce progrès lentement
» obtenu, toujours mérité que se passe-t-il, et combien faut-il
» d'heures pour voir d'autres actions contemporaines émises à
» 500 fr. valoir en un instant trois capitaux pour un, ou bien
» hausser et fléchir avec une telle mobilité que soit en hausse,
» soit en baisse, elles compromettent la fortune des uns, en-
» richissent les autres, le nombre des compromis étant toujours
» plus grand que celui des enrichis. Or que se passerait-il avec
» de mauvais billets de banque imprudemment prêtés? Beau-
» coup de mal qu'il faut conjurer à tout prix, que vous contri-
» buez à conjurer en *repoussant par l'ordre du jour* les doc-
» trines du pétitionnaire. »

Il n'était pas sans intérêt de citer ce curieux manifeste à double face dont l'une rigoureuse, accusatrice contre les agissements de financiers dans l'impossibilité de se défendre, à cause de leur absence; — dont l'autre bienveillante et versant à pleines mains la louange sur les faits et gestes émanés de la direction de celui-là même dont les lèvres prononcent l'hosonnah en faveur d'un système qui s'enveloppe du pénombre d'*un ordre du jour.*

L'*ordre du jour !* voilà donc les conclusions de M. le gouverneur honoraire de la Banque de France... Et cependant que demande le pétitionnaire ? — « Il s'est demandé répond M. le

» sénateur Le Roy de Saint-Arnaud, si en présence du trouble
» jeté dans les transactions privées du commerce, causé par les
» variations et les élévations à 6, 8 et même 10 0/0 de son es-
» compte, la Banque n'avait pas d'autres moyens de retenir son
» encaisse. » — Voilà toute la question, — et ajoute M. Le Roy
» de Saint-Arnaud, la pétition n'a pas d'autre objet, elle n'a
» pas d'autre but. »

Où donc le danger, qu'il faille *pour le conjurer*, faire appel
à toutes les forces vives du premier corps de l'Etat... Repousser
par l'ordre du jour *les doctrines* du pétitionnaire!... un tel
empressement accuse plus *l'importunité*, que l'inopportunité
de la pétition *sans doctrines.*

Quoi! demander à l'Etat sauvegarde des intérêts publics,
de porter sa sollicitude vers la grande question du crédit public
dont l'action est abandonnée à des mains qui, manquant de
point d'appui stable, impriment au crédit une dangereuse fluctuation, ce serait *fomenter beaucoup de mal.* Il faudrait renon-
cer à l'usage de sa raison, faire une complète abnégation des
plus simples notions de bon sens, pour ne pas voir dans cette
demande de *l'ordre du jour,* formulée par M. le gouverneur
honoraire de la Banque de France, autre chose que les motifs
articulés à cet égard.

Faire la nuit sur les agissements de la Banque de France qui
verse à ses actionnaires des dividendes s'élevant de 25 à
30 0/0..., M. le gouverneur honoraire de la Banque de France
y a-t-il bien réfléchi.

Vous suspectez notre capacité, vous en avez le droit, notre
sincérité, cela vous est interdit, mais discutez nos actes.
— Vous invoquez la lumière, nous allumons le flambeau; scru-
tez, examinez, nous ouvrons l'enquête... — Voilà ce que nous
nous attendions à entendre sortir de la bouche de M. le gouverneur honoraire de la Banque de France. — Notre attente a
été trompée.

Quoiqu'il en soit est-il vrai qu'à 10 0/0 l'escompte de la
Banque de France, réagissant sur le courant du crédit, est rui-
neux pour la production agricole, le commerce et l'industrie?
— Oui, sans doute ;

Est-il vrai qu'à ce taux, même aux taux inférieurs de 9, 8,
7 et 6 0/0 l'escompte a tout le caractère d'un malheur public?
— Cela n'est que trop patent.

Dans cette double occurence n'est-il pas du devoir de chacun et de tous d'appeler la vigilance du pouvoir sur un état de choses si profondément préjudiciable à l'intérêt général? C'est un devoir impérieux.

Rien de plus religieux que l'accomplissement d'un devoir, alors surtout qu'il est, comme dans l'espèce, l'expression corrélative du droit de tous, et qu'il touche par plus d'un point à l'ordre public.

L'*Ordre du jour !* quand l'intérêt vital de la production réclame !

L'*Ordre du jour !* quand tant d'activités intelligentes sont paralysées, tant de labeurs honnêtes périclitent.

L'*Ordre du jour !* en face d'une situation *très-cruelle, très-onéreuse,* selon l'expression de M. le sénateur Le Roy de Saint-Arnaud.

M. le comte de Germiny, alors en face du spectre de la Banque de Savoie, projeté par le mirage alpestre, termine, par un rapprochement que nous relevons par ce qu'il est un des arguments les plus concluants contre sa propre thèse.

Quoi de plus édifiant, en effet, que ce parallèle des deux *écoles* en économie financière ; l'une qui se laisse tranquillement porter par le courant du privilége vers les bords riants de la fortune ; l'autre qui court par monts et par vaux, mais l'une et l'autre au détriment de la production mise en coupes réglées de comptes d'intérêts et d'agio.

6 0/0 de répartitions légales 18 à 30 0/0 de dividendes. — Capital quadruplé : Voilà pour la première.

Quant aux soubresauts de la seconde, elle a au moins cette excuse que les évolutions de sa fortune se font à ses risques et périls, en dehors du plus petit privilége.

Combien a-t-il fallu de sinistres, de ruines de toute nature pour assurer à l'honorable carrière dont parle M. le comte de Germiny, cette *modeste conséquence...* Quel est le chef d'un établissement industriel ou commercial *quelconque* ou bien le Directeur d'une exploitation agricole qui recueille de ses pénibles et contants travaux, à travers toutes les chances de profits et pertes, toutes les fluctuations d'escompte d'intérêts et d'agio qui le dominent les bénéfices considérables que le privilége, doublé de monopole, de la Banque de France assure à ses actionnaires *sans travail.* Car il faut bien le reconnaître, M. le comte de Germiny a commis une évidente erreur, en attribuant au travail de la Banque le produit hors mesure qui lui

vient de l'escompte. Le travail de la Banque a sa rénumération
à part, et nous ne sachions pas que porteurs ou non d'actions,
M. le gouverneur et le plus humble garçon de bureau, en suivant la hiérarchie, ne soient pas rétribués. Le travail de la Banque compète au personnel qui en reçoit salaire ; ce n'est donc
point à la Banque de France que sont applicables ces paroles
de M. le gouverneur honoraire : « Quand pour prospérer il suffit
» de travailler, *on* travaille. »

La Banque, proprement dite, abstraction faite de son personnel rétribué *ad hoc*, ne travaille point, elle ne produit point.
Matière inerte le capital immense que ses caves détiennent est
un instrument et non un agent. Le véritable agent de la *richesse*
nationale, c'est le travail producteur, qu'il soit de l'atelier ou
qu'il s'applique au champ. Dans l'état actuel des choses, les
regards sont tristement affectés par l'interversion économique
dont l'effet le plus immédiat est de paralyser le développement
de la richesse publique, d'appauvrir la nation.

Subordonné à la finance, le travail est amoindri, les popu-
lations laborieuses périclitent et les intérêts sociaux sont en
souffrance.

Que le travail reprenant aujourd'hui les titres qu'il tient de
Dieu, proclame sa souveraineté ; que d'esclave de la finance il
en devienne le régulateur ; immédiatement toute perturbation
cesse, le travail est honoré. Ce n'est plus la chose vile (1) du
despotisme antique. Il reçoit dès lors une part équitable dans
la répartition des bénéfices que produit son action vivifiante.

Après avoir argumenté en faveur des avantages que l'immo-
bilisation du capital de la Banque en rentes sur l'État donne
tout à la fois et à *celui-ci dont il rehausse le crédit* — Si c'est
avantageux, c'est à coup sûr peu flatteur pour l'État, de recevoir sur ce ton un brevet de *crédit* de l'institution qui doit à
l'État même tout le crédit dont elle use sans limite, — et à
elle-même qui n'a charge que « la situation du numéraire,
« rien de plus, rien de moins, » M. le comte de Germiny
arrive à cette conclusion :

« Tant que la Banque de France restera l'arbitre de la me-
» sure dans laquelle le crédit peut intervenir, tant que son
» indépendance (indépendance est là pour monopole), sera
« scrupuleusement respectée, il n'y a rien à redouter. »

---

(1) De *tra* chose, *bail* marquée, tarée, — euphoniquement par la muable b en v,
travail chose infime — Celtique —

— « L'orgueil de ceux qui vous haïssent monte, monte sans
« cesse ô mon Dieu ! — »

Quelque chose de semblable accusé par les paroles que nous
venons de citer apporte à l'esprit attristé le souvenir de ce cri
de douleur du psalmiste.

C'est une lourde charge que celle qui consiste à s'établir
l'arbitre du crédit, c'est-à-dire des destinées d'une nation comme la France.

J'ai toujours remarqué, et plus j'observe, plus je découvre
un rapport d'ambitieuse domination qui distingue, prises individuellement, deux corporations parasites qu'un lien de secrète
affinité tend aujourd'hui à fondre en une seule unité : *La
finance et l'ultramontanisme.*

Orgueil ou démence ! ce qui bien souvent n'est qu'une même
chose, celle-ci un aboutissement dont celui-là est la voie.

Après avoir pris sous sa protection l'Etat dont elle *rehausse le
crédit*, la Banque de France par l'organe de son gouverneur ho-
raire, se retourne vers la nation qu'elle abrite de son caducée.

Un publiciste a dit : « prendre la responsabilité d'un peuple
est d'un fou ou d'un Dieu. » M. le comte de Germiny en qui s'est
longtemps personnifiée la Banque, n'a pas le même scrupule
que M. de Lamartine. Bien qu'il ait au début de son discours
déclaré que la Banque de France ne règle pas le marché, il ne
l'en déclare pas moins en finissant *l'arbitre*.

« Explique qui voudra ces avis contraires » venant dire
d'une part : la Banque ne règle pas l'état du marché, et d'autre
part la Banque est l'arbitre de la mesure du crédit. — Si elle ne
règle pas l'état du marché, comment se fait-il qu'elle hausse ou
baisse à son gré le taux de l'escompte.

L'élévation de l'escompte arrête les transactions ; la baisse,
quand elle est sincère, qu'elle n'attache point à la porte de son
comptoir le désespérant cerbère du rejet, la baisse les stimule
par cette mobilité du taux de l'escompte, la Banque de France
règle donc l'état du marché, elle ne voit pas seulement l'état
des affaires, elle pèse de la sorte sur les affaires par ces flux et
reflux arbitraires,... *Elle avertit du danger...* dit l'orateur de
la Banque.

Le danger vient de l'élévation de l'escompte, l'abîme c'est
donc la Banque qui le creuse. — Sans préalable aucun, vous suré-
levez le taux de l'escompte. Je m'endors le soir dans une absolue confiance dans le maintien de votre escompte pour la

réalisation d'une affaire à simple huitaine, et je me réveille le lendemain avec une variation qui, si elle ne me ruine point, me cause un préjudice irréparable... et cela s'appelle un *avertissement....*

Dans le langage du droit et de la justice cela a un autre nom, celui que reçoit *tout fait quelconque de l'homme qui cause à autrui un préjudice* par IMPRUDENCE ainsi que déjà nous l'avons indiqué. Car c'est manquer de prudence que d'en dépasser les limites, et c'est là le fait de la Banque quand selon que le remarque M. le sénateur Le Roy de Saint-Arnaud, les terreurs de la Banque n'ont été que des paniques vaines mais démesurément fructueuses pour elles, lamentables et ruineuses pour le commerce et l'industrie.

C'est là une immense responsabilité que du reste ne décline point pour l'établissement qu'il a longtemps dirigé, M. le gouverneur honoraire de la Banque de France qu'il pose et affirme comme « *l'arbitre de la mesure dans laquelle le crédit peut intervenir.* » — SUUM CUIQUE.

L'importance du discours de M. de Germiny, que l'on peut à bon droit considérer comme le chant du cygne de la finance privilégiée, nous porte à en suivre toutes les argumentations.

« Il me reste à entretenir le Sénat, continue M. de Germiny
« du danger de la fixité du taux de l'escompte et de tout ce que
« possède la Banque. Je vais le faire en peu de mots. Et d'abord,
« je demande par quelle étrange contradiction nous voyons sou-
« vent les partisans de la liberté des banques réclamer la fixité
« du taux de l'escompte qui n'est à mon avis que l'*esclavage du
taux de l'intérêt.* »

L'esclavage du taux de l'intérêt !.. Quel pendant mieux trouvé *au génie de la charité inventant à un sol par jour l'intérêt de la pièce de cent sous,* selon le même M. de Germiny au conseil général de la Seine-Inférieure.

Le principe non de la *fixité*, mais de la limitation du taux de l'intérêt, ce qui est bien différent ; par la limitation vous pouvez aller *en deçà* des limites que la fixité vous prescrit immuables. — Il faut être exact et précis. — Ce principe du taux limité de l'intérêt est un principe d'ordre social qui domine toute combinaison financière : Il a pour base la Justice.

L'esclavage honni ne messied pas dans une chambre des délibérations de la politique française, mais l'esclavage *du taux de l'intérêt*, c'est autre chose.

La liberté de l'intérêt, l'intérêt illimité c'est le déchaînement des passions qui ont pour mobile l'amour du lucre sans travail, la cupidité, l'avarice et toutes les perturbations qu'elles entraînent ; le frein mis à une telle liberté n'est-il pas de la noble famille des vertus qui retiennent le vice en esclavage ?

Quant aux contradictions dont parle l'honorable M. de Germiny, ce n'est là qu'un effet d'optique produit par un de ces cas morbides qui peignent sous une même nuance tous les objets qu'embrasse le regard. Que dirait le logicien dont nous parlons si l'institution en faveur de laquelle il plaide réfléchissait son image sous les traits de la liberté soutenue par les ailes du monopole et du privilége.

M. le comte de Germiny devient plus explicite.

« Si j'avais un vœu à former, ajoute-t-il, ce serait que la « faculté d'élever l'escompte au-dessus de l'intérêt légal, ne « soit pas seulement pour la Banque, mais pour tout le monde. »

Ce vœu a été formulé, et M. le comte de Germiny, rapporteur au conseil général de la Seine-Inférieure, s'est associé au vœu exprimé dans ce sens par l'initiative de son honorable collègue M. Bazile. Nous avons examiné ailleurs (1) où serait conduite, non seulement la France économique, mais la France politique et sociale; si ce *desideratum* de la finance recevait son accomplissement. Cette sollicitude de M. le gouverneur honoraire de la Banque de France à l'endroit de la liberté pour tous, n'a rien qui nous touche. Quoi ! vous êtes privilége et vous revendiquez la liberté pour tous *sous la réserve de votre privilége !*

Vous êtes monopole et vous demandez la liberté pour tous, *votre monopole sauf !*—Vous jouissez du droit régalien de battre monnaie, et vous demandez non la liberté du capital qui serait celle du crédit que vous restreignez à vos caprices, mais la liberté du taux de l'intérêt, la liberté de prélever sur le travail la dîme au taux que vous dictera votre arbitraire, la liberté d'asservir la production, la liberté de maintenir dans une poignante dépendance des convoitises de la finance le travailleur qui s'épuise à la peine.

Vous êtes privilége et monopole, c'est de vous que découlent toujours à votre plus grand profit le crédit et le capital de tous étages ; c'est vous qui commandez par vos *arertissements*, vous le dites, les grandes manœuvres financières, et vous demandez

---

(1) *De la liberté du taux de l'intérêt.* — Paris, E. Dentu, éditeur.

la liberté pour tous les distributeurs subalternes du capital, subordonnés à *vos avertissements* !...— Changeons donc la forme de ces choses. C'est l'absolutisme de la haute finance que vous proclamez, c'est le despotisme de l'écu que vous recherchez dans la liberté de l'argent, c'est la subversion sociale que, sans le vouloir assurément, vous décréteriez en plaçant sur le pavois l'or-puissance dont l'influence stérilise toutes les aspirations morales. — La *liberté du taux de l'intérêt* que vous revendiquez. n'est pas sans un lien de parenté, toujours par cette secrète affinité dont nous avons parlé, avec la *liberté comme en Belgique*, révendiquée par les ultramontains. —

« Voilà, s'écrie M. le comte, ce qui serait une vraie et utile « liberté (la liberté du taux de l'intérêt.) Tandis que la fixité « obtenue par la pluralité des banques, ne pourrait que faire « naître la plus fâcheuse des mobilités et des concurrences, « celle des banques de circulation, les invitant à rivaliser de « témérité pour se disputer les bénéfices. »

Nous avons vu très-sommairement les calamités qu'engendrerait la liberté du taux de l'intérêt économiquement et moralement. Voyons maintenant ce que produirait la liberté des banques de circulation avec limitation du taux qui reste comme la soupape de sûreté de la production sous la pression de la finance.

Dans ces conditions, la production qui est l'unique richesse d'un Etat, recevrait les offres du capital ou des banques de crédit en concurrence ; le travail serait stimulé, les produits se multiplieraient, la consommation serait plus abondante, et dans ce cercle indéfini des choses, production et consommation s'harmoniseraient au mouvement puissant imprimé par le crédit ainsi débarassé de l'oppression d'un établissement privé avec privilége et monopole.

La *rivalité téméraire*, selon l'expression de M. le comte de Germiny, ayant pour effet de multiplier à des conditions de crédit réduites, les opérations commerciales, les produits de l'industrie et de l'agriculture, il s'en suit que ces établissements de crédit, verraient s'accroître leurs bénéfices, sans qu'aucun d'eux ait à les disputer à de *téméraires rivalités*. Est-ce donc là ce qu'avec M. le gouverneur honoraire de la Banque on peut appeler de *fâcheuses mobilités*.

Hélas ! nous en connaissons de ces *mobilités fâcheuses*. Ce sont celles qui faisant passer tout-à-coup d'un chiffre à un chiffre plus élevé le taux de l'escompte, sèment avec elles sur le champ de la production d'irréparables désastres.

Le fait de la pluralité des banques n'infirme nullement le principe de l'*unité* qui a sa raison d'être dans l'universalité.

La liberté du crédit par la liberté des banques, même de circulation à leurs risques et périls, dans des conditions déterminées d'*ordre social*, satisfait à l'*initiative individuelle* qui se meut dans les suprêmes limites de l'*intérêt de l'universalité* qui a pour mandataire l'État.

La pluralité des banques de circulation est une conséquence du droit individuel, et la création d'une banque nationale affirme le droit de l'universalité souveraine.

La conciliation de ces deux éléments du monde moral, la liberté et la solidarité, traduite dans le monde économique, nous semble devoir être l'expression indéniable de la vérité.

Mais comme toute harmonie a sa dominante, elle appartient dans l'espèce à la Banque Nationale, représentant l'universalité des intérêts, elle retient et exerce le droit suprême et inaliénable de l'émission de valeurs fiduciaires, emportant de plein droit le *cours légal*.

Les valeurs fiduciaires des banques de circulations du droit privé, acceptables ou rejetables, ne doivent avoir qu'un cours facultatif, elles ne valent que ce que vaut le crédit des établissements qui les émettent.

Cette prescription fondamentale à l'égard de ces établissements produit le double effet de développer une émulation d'honorabilité entre ces sortes d'établissements et de réduire, pour faire accepter leurs valeurs par la production, le taux de leur escompte toujours au-dessous nécessairement du taux régulateur de la Banque Nationale.

L'Etat a charge d'âmes en économie politique, il ne saurait décliner la recherche des moyens à l'aide desquels il peut et il doit concourir au développement du bien-être de tous ; il ne peut pas, il ne doit pas faire aveu d'impuissance, son devoir, sa mission est d'étudier les causes perturbatrices, d'ouvrir des enquêtes, d'y faire converger tous les renseignements, d'écouter toutes les propositions, de profiter de tous les efforts, de toutes les bonnes volontés, de concentrer toutes les lumières pour les réfléchir sur la société. Voilà le devoir de l'Etat. Véritable pondérateur, il tient le fleau de la balance où s'équilibrent les intérêts de *tous* et de *chacun*, où s'harmoni-

sent l'élément individuel et l'élément social, mais il ne se condamne pas *à priori* à l'impuissance, il s'affirme, et dans l'espèce
son affirmation se traduit par la dispensation du crédit à la production à un taux déterminé qui devient dès lors, à l'étiage de
l'escompte, le degré régulateur que ne peut franchir la spéculation financière.

M. le gouverneur honoraire de la Banque se livre à une sorte
de physiologie du billet de banque. « Par le papier qui a servi
« à l'imprimer, dit-il, un billet de banque ne vaut que 20 à 25
« centimes, c'est vrai ; mais par le droit qu'a le porteur d'en
« exiger le remboursement à vue, il vaut l'argent du meilleur
« aloi, l'or le plus pur ? » — Comme c'est affriandant ! — « Sa
« valeur ne peut donc que varier avec celle du métal qu'il
« représente. C'est ainsi qu'il faut nécessairement ou élever ou
« abaisser le taux de l'escompte, suivant que le numéraire est
« plus ou moins abondant dans les caisses de l'établissement
« autorisé à émettre des valeurs fiduciaires. »

L'erreur est ici patente. Le billet de banque ne doit point
avoir le caractère d'une valeur variable ; sa valeur toute de
représentation doit être celle qu'il exprime. Du moment où vos
escomptes se soldent en billets de Banque, le taux réduit vous
est imposé, car vous n'élevez ce taux, dites-vous, qu'en raison
de la réduction de votre encaisse auquel par la nature de vos
versements, vous ne portez point atteinte. Vous n'argumente-
rez point pour faire face à la position de la nécessité d'une
émission nouvelle qui romprait davantage les rapports conve-
nus entre votre encaisse, et votre circulation. Cela n'établirait
nullement la nécessité de surtaxe, et vous l'avez bien prouvé.

En effet M. le Ministre des finances n'a-t-il pas dit que :
« Jamais à aucune époque le portefeuille de la Banque n'a
« atteint un chiffre aussi important que depuis la hausse de
« son escompte, ce qui prouve qu'elle est venue largement en
« aide au commerce et à l'industrie. »

Or les billets venant en abondance au portefeuille allaient
abondamment à l'encaissement, et l'agio étant trois fois plus
élevé, 10 0/0, que dans la normalité du taux, 3 0/0, il suivait de
là un afflux considérable du numéraire. Si les négociations
allaient quelquefois dans les succursales et le chef établissement à 100 millions par jour dans ces temps calamiteux, il n'est
pas exagéré d'en porter la moyenne à 50 millions par jour, ce
qui donne en surtaxe pour une période de 4 mois. — Chiffre

qui a été de beaucoup dépassé — sur un total d'escompte
de 6 milliards à 2 0/0 = 120 millions d'excédant sur le revenu
normal de ces escomptes.... Voilà par quel procédé la Banque
de France est venue *en aide au commerce et à l'industrie,* par
quel déplorable mécanisme elle trouvait le moyen de satisfaire
aux valeurs dont son portefeuille regorgeait ; voilà comment
avec des prélèvements surtaxés faits sur les besoins urgents du
commerce et de l'industrie, la Banque de France verse aux mains
de ses actionnaires d'énormes dividendes s'élevant à 30 0/0.

Pourquoi de 3 0/0 normalité de l'escompte, arrivez-vous à
10 0/0 ? Pourquoi pas 5 au lieu de 6, 6 au lieu de 7 0/0 ?
Pourquoi au-delà, quel est votre repère, en matière d'élévation
du taux de l'intérêt, où votre *criterium* ? — VOTRE PRUDENCE...
c'est fort bien dit, mais la prudence, vous le savez est elle-
même entourée de deux écueils, le défaut de vraie lumière et
les sollicitations de la faiblesse humaine.

« Il ne suffit pas , prétend M. le gouverneur honoraire ,
« que l'argent soit dans le pays, il *faut qu'il soit à la*
« *Banque* pour le service des relations internationales , par
« l'achat des matières premières du blé, de la soie, pour le
« prêter, car la France le prête à l'univers...

La *France* est ici pour la *Banque de France* « où il faut
que soit l'argent du pays, » si productif à cet établissement.
— C'est là précisément, ce qui fait que la Banque de France,
prêtant à l'univers, ne peut prêter au commerce français dont
les besoins cependant sont la raison de son institution.

Ce cosmopolitisme de l'écu appauvrit et ruine la nation, car
ces *prêts à l'univers* ne se font qu'à l'aide des immenses capitaux prélevés sur la production nationale par la surélévation
de l'escompte. Et voyez comme tout s'enchaîne, et maintient la
Banque de France dans ce cercle vicieux si funeste aux intérêts
français. Les demandes d'argent venant de l'étranger, auxquelles vous satisfaites, dirons nous à la Banque, diminuent votre
encaisse, vous fournissant le moyen de justifier l'élévation du
taux de votre escompte en France , et vous faites ainsi coup
double. Vous étiez libre dans vos conditions avec l'étranger
avant la loi de 1857, mais gênée avec les nationaux. Depuis
cette loi qui vous accorde le privilége du permis de chasse,
vous abattez à toute volée dans l'un et l'autre domaine, et
l'étranger que vous pressurez devient l'instrument à l'aide
duquel vous pressurez le *producteur* français qui , par l'*ur-*

gence de son recours à tout prix à la Banque, contribue à son tour à maintenir l'élévation du taux qui, par un retour fatal devient la justification des dures conditions faites à l'étranger par la Banque de France jouissant ainsi des bénéfices d'un crédit universel.

Le machiavélisme de ce double mouvement n'est pas le résultat de vos droites intentions à coup sûr, mais il est dans votre institution. C'est une force majeure qui vous domine et vous entraîne.

Ces considérations nous conduisent à regarder la limitation du taux de l'escompte comme une question de salut public. — Par là, la fabrication s'obtient à bon marché, le capital accessible à toutes les capacités fait progresser nos produits dans la voie de la supériorité. *Bon marché, Qualité supérieure*, ouvrent à la production française les débouchés de l'univers, ce qui vaut mieux assurément que les *prêts faits à l'univers* par la Banque de France.

M. le comte de Germiny dit que « si jamais, par l'exa- « gération de la circulation fiduciaire, le *cours forcé* pou- « vait être imposé à l'intérieur du pays, nous serions de suite « impuissants à maintenir nos relations commerciales. »

Mais qui donc évoque le cours forcé pour le flétrir ? — L'ex-gouverneur de la Banque de France qui l'a lui-même invoqué comme moyen de salut et de la Banque qu'il gouvernait et des relations commerciales qu'il tient aujourd'hui sous ses paroles terrifiantes.

« L'or et l'argent sont une marchandise » dites-vous, M. de Germiny.

En lingots, d'accord : mais monnayés, ils ne sont plus qu'un signe invariable d'échange sur lequel aucune main arbitraire ne peut se porter sans encourir les peines édictées par la loi, ainsi que nous l'avons démontré, (1), appuyé sur l'opinion des plus illustres penseurs.—Mais dans la logique de la finance, cette assertion est de nécessité, c'est la source d'où l'agio découle.

« On ne peut maîtriser les courants en matière de numéraire, « pas plus qu'on ne peut maîtriser la direction des vents, » quand ces courants coulant sur le sol de l'arbitraire sont poussés par le vent de l'intérêt. — Mais, M. le comte, vous n'ignorez pas qu'on érige des chaussées à l'encontre de ces courants

---

(1) *De la liberté du taux de l'intérêt.* Paris E. Dentu, éditeur.

se changeant dès lors en puissances motrices qui font la prospérité de l'industrie et la richesse de l'agriculture dont ils fécondent par de paisibles irrigations les champs que les brusques courants et contre-courants de vos escomptes stérilisent.

La fixité, vous voulez dire, M. le comte, la limitation du taux de l'intérêt, est une *utopie*, un *songe*!... de l'activité nationale endormie apparemment... Mais que de songes prophétiques, M. de Germiny! permettez-nous de croire à celui-là. — Une *utopie*! que d'utopies, M. le comte, sont entrées dans le domaine de la réalité! La Révolution française était une utopie, non seulement dans les écrits des philosophes, mais elle l'était encore dans les cahiers de 1789. La vapeur appliquée à l'économie sociale, était aussi une utopie... et de nos jours la vulgarisation des emprunts nationaux, enlevés à la cupidité des *manieurs d'argent*, une utopie avant les milliards jetés au-delà de ses besoins dans l'escarcelle de l'Etat.

La limitation du taux de l'intérêt et au *taux le plus réduit*, utopie, dites-vous.... Demain, M. le comte, cette utopie sera une idée pratique et un fait pratiqué au grand profit de la richesse nationale qui s'accroîtra de toute la décroissance des immenses prélèvements faits sur les activités sociales, le travail et l'intelligence, par l'olygarchie financière.

« Quand le prix du crédit ou de l'argent s'élève, objecte M.
« le gouverneur honoraire de la Banque de France, on achète
« moins ; lorsqu'on achète moins, le prix de la marchandise
« baisse et doit baisser jusqu'au point où les bas prix attirent
« et sollicitent les capitaux qui reviennent alors. C'est assez
« triste à dire, mais il faut avoir le courage de le constater,
« car c'est une vérité utile. Dans les crises monétaires, com-
« merciales et financières, c'est l'abaissement du prix de toutes
« choses qui peut les faire cesser et rétablir l'équilibre ; en
« d'autres termes, pas de retour à la *vérité* de la valeur des
« choses sans liquidation de toutes les exagérations, de toutes
« les illusions. Plus on retarde cette liquidation plus on gâte
« la situation ; elle peut être douce. si elle est faite à temps ;
« trop tardive elle produit des catastrophes. Voilà en quoi les
« *avertissements* de la Banque de France ont tant d'autorité et
« *sont si salutaires.* »

Tels sont les aperçus de M. le gouverneur honoraire de la Banque de France.... — Une semblable théorie n'est pas seulement une lamentable aberration économique, elle est encore contraire à l'expérience, car l'expérience, en cette matière, a toujours amené des désastres.

Quand l'application de cette théorie est abandonnée à l'arbitraire intéressé, elle devient et plane sur le monde comme un fléau.

Combien de maisons de crédit en liesse de la Banque de France et saturées de cette doctrine de mort, n'ont-elles pas impitoyablement précipité d'honorables et laborieux industriels ou commerçants, dont la position un moment embarrassée du fait même des exigences du crédit et de la *spéculation de la finance*, qui auraient pu sortir dégagées d'étreintes momentanées transformées par une froide brutalité en blessures mortelles.

Le prix du crédit et de l'argent s'ils accusent la rareté du numéraire, constatent par là même les besoins de la production en souffrance. Le remède à un tel malaise, c'est l'*abaissement de l'intérêt de l'argent*, et la *diffusion du crédit.* — La Banque de France élève l'un et restreint l'autre. Elle est en économie sociale, le *sauve qui peut* néfaste toujours fertile en conflagrations, tandis qu'elle devrait être l'arrière garde inébranlable qui prévient la débandade et pousse en avant.

L'abondance de la production favorisée par la diffusion du crédit ou de l'argent à prix réduit, réduirait le prix de la production et appellerait dès lors sur le marché un plus grand nombre de consommateurs. La production multipliée multiplierait ses bénéfices amoindris par le bon marché, le travail serait stimulé et la consommation à prix réduit créerait de la sorte des consommateurs dont un fatal système a pour effet de diminuer le nombre. Et alors marchant dans cette voie de l'abaissement de l'intérêt et de la diffusion du crédit il serait vrai de dire que l'abaissement du prix de toute chose pourrait rétablir l'équilibre. Dès lors plus *de crises monétaires, commerciales et financières* auxquelles il faille immoler pour appaiser le molosse les situations diverses de la production par *des liquidations douces* — et l'on sait ce que sont les liquidations *douces* à la requête de la finance, — ou *tardives* qui, la finance sauve, se traduisent en ruines.

Produire et consommer, voilà les deux pôles autour desquels tourne le monde économique; hommes de la théorie que vous préconisez, vous mettez la main sur le mouvement et le lourd contrepoids dont vous êtes chargés, détermine des commotions qui semblables aux secousses qui agitent le globe entassent ruines sur ruines, et vous appelez cela LES AVERTISSEMENTS de la Banque !.... au même titre sans doute que la peste, les inondations et la famine, tous ces fléaux qui ravagent le monde et sont considérés par le mysticisme antique comme des *avertissement du ciel*.

N'est-ce pas assez de cette espèce d'infaillibilité, sur lesquels la Banque de France qui *voit l'état des affaires* prétend asseoir les décisions de son arbitraire, lui faudra-t-il illuminer son faîte d'une fatidique flammèche.

« Quand le prix de l'argent ou du crédit s'élève ou achète « moins ; dites-vous. Et qui l'élève ce prix si ce n'est la volonté privilégiée et sans contrôle de la Banque de France qui, faisant qu'on achète moins, paralyse l'activité industrielle, commerciale et agricole, c'est-à-dire frappe d'atonie la vie elle-même.

Elever le prix de l'argent dans les crises commerciales,, et le rendant difficilement accessible, c'est faire jouer aux capitaux de la Banque de France, le rôle burlesque qu'une spirituelle critique fait jouer à une mythique personnification de la spéculation financière moderne : — « Voilà le moment de nous « montrer, cachons-nous. »

Les conditions de l'institution privilégiée de la Banque de France la dominent à toutes les époques, mais tout particulièrement en temps de crises ; ces conditions sont pour elle un devoir rigoureux qu'elle ne peut fuir, même aux prix de pertes momentanées, largement récupérables dans les temps prospères. Autrement, établissement commercial sans l'*alea* du commerce, votre comptoir, à l'ombre déjà d'un privilége exorbitant, en face des écueils dont la production est sans cesse environnée, se retrancherait encore derrière le privilége surhumain de l'invulnérabilité, constituant de la sorte au lingot d'or, un relief de divinité, avec la haute finance pour pontife.

Instituée pour escompter les valeurs du commerce, la Banque de France, nous le répétons, ne peut se soustraire aux conditions de son institution en se retranchant derrière une fin de non recevoir sous la forme d'une surtaxe.

Le travail a besoin de crédit, le commerce est embarrassé, l'ordre public joint à la lettre de votre contrat vous commandent de prêter à l'un et à l'autre l'aide qu'ils réclament, le concours en vue duquel vous êtes instituée.

Plus le commerce est en souffrance, plus votre devoir grandit envers lui.

Le travail vous sollicite, — vous vous devez à ses nécessités.

En vain, direz-vous : mais je vois l'état des affaires, et j'*avertis* en modérant la distribution et en surélevant le taux du crédit, » — Votre vue, vous serait-il répondu n'a pas au travers des lunettes de l'intérêt personnel, toute la netteté de perception nécessaire pour juger sainement l'état des choses. Laissez au commerce le soin de ses intérêts. Affranchi par l'État des entraves de la circulation, doit-il donc rester asservi à votre dangereuse tutèle ? à l'échelle mobile, à la prohibition, aux tarifs de la douane supprimés ne doivent point survivre l'échelle de votre crédit, les tarifs arbitraires de votre escompte : ne voyez-vous pas que la situation que ferait ainsi au commerce la Banque de France, aurait plus d'un rapport avec la situation d'un mineur dont les intérêts seraient confiés aux mains d'un tuteur qu'ils enrichiraient.

Le passage du discours que nous examinons offre une source intarissable de critiques, mais il convient cependant d'en finir et nous terminons par ces considérations :

M. le comte de Germiny dit : « quand le prix de l'argent ou « du crédit s'élève on achète moins. Lorsqu'on achète moins le « prix de l'argent baisse et doit baisser, jusqu'au point où les « bas prix attirent et sollicitent *les capitaux qui reviennent* « *alors*. »

C'est explicite ! *les capitaux qui reviennent*, impliquent le fait *des capitaux qui se retirent*, c'est-à-dire des capitaux faisant à leurs caprices la hausse ou la baisse, une fluctuation qui ruine au plus grand profit des *capitaux* l'agriculture, le commerce et l'industrie. Toute la question pendante devant l'ENQUÊTE est là. Le sort des producteurs, l'intérêt des familles, la fortune de la France, l'ordre social doivent-ils rester aux mains intéressées, à la volonté arbitraire de cette prestigieuse puissance métallique qu'on appelle la finance, allant se résumer hiérarchiquement dans la Banque de France. La question se posant ainsi d'elle-même est de prime abord et péremptoirement résolue.

La conclusion est forcée : donc il faut mettre un terme à cet arbitraire contre-poids, à cette *imprudente* PRUDENCE qui entrave les transactions commerciales et ralentit la production.

« C'est assez triste à dire, fait observer M. le comte de Ger-

« miny, mais il faut avoir le courage de le constater. » — Mieux
vaut avoir le courage de résister aux sollicitations d'une aveu-
gle théorie qui donne de tels résultats.

« Dans les crises commerciales, monétaires et financières,
« c'est l'abaissement de toutes choses qui seul peut les faire
« cesser et rétablir l'équilibre. »

L'abaissement du prix, en face de l'élévation de l'intérêt,
c'est la ruine du producteur, nous l'avons déja dit, c'est l'a-
vilissement du salaire du travailleur, de telle sorte que dans
l'antagonisme du travail et du capital, si carrément exprimé
par M. le gouverneur honoraire de la Banque de France, c'est
sur le travail que porte tout le poids de la situation ; le capi-
taliste se sauve par l'élévation du prix de son argent ou de
son crédit d'une part, et par l'achat à vil prix des choses de
la production, d'autre part. Ainsi ce qu'il y a de plus élevé et
de plus sacré chez l'homme, l'intelligence et le travail, les éner-
gies de l'esprit et du corps, baisse pavillon et passe sous les
fourches caudines de la finance.

« C'est assurément assez triste, » dirons-nous encore avec
M. le comte de Germiny ; mais pas plus que lui nous ne sau-
rions dissimuler une vérité utile : La suppression pour cause
d'utilité publique et d'urgence du monopole de la Banque aux
mains d'une compagnie dont le privilége de faire, sans garantie
sans responsabilité, sur le marché de l'argent, la hausse ou la
baisse, porte à l'intérêt public une si funeste atteinte ; — la
substitution à cet établissement, hors la loi commune, d'une
banque nationale sous la direction de l'État, décrétant la réduction du taux de l'escompte et son invariable limitation.

« Est-il vrai, dit M. de Germiny, arrivant aux rentes que la
« Banque possède, qu'il y aurait opportunité, utilité à ce que
« la Banque ne possède pas de rentes, et parce qu'une partie
« de son capital (150 millions) ainsi placée resterait disponible
« pour l'escompte des bordereaux du commerce ou des avances,
« en quoi serait-il moins nécessaire d'élever ou d'abaisser le
« taux de l'intérêt en temps inopportun ?

« La réponse est facile. Il suffit de réfléchir pour apercevoir
« que les rentes de la Banque, vendues et réalisées même en
« numéraire, ne produiraient aucun effet durable sur les causes
« qui commandent l'élévation ou l'abaissement du taux de
« l'intérêt. » — Ne produiraient point d'*effet sur les causes*,
mais seraient une cause qui détruirait les effets de ces causes.

En d'autres termes, **M.** de Germiny, les causes de l'élévation étant dans la logique de la Banque de France, l'insuffisance du numéraire formant son encaisse, seraient mises à néant par un supplément d'encaisse de 150 millions en numéraire.

« Dès que le numéraire obtenu de la sorte aurait, dites-vous, « du fait d'une exportation précipitée, disparu par les causes « que chacun connaît : achats à l'étranger de matières pre- « mières, crises alimentaires, etc., la hausse de l'intérêt n'en « serait pas moins le seul moyen à employer pour obtenir le « retour de l'or et de l'argent. »

L'achat à l'étranger de matières premières avec le double de votre encaisse serait un bienfait pour la production nationale ; votre encaisse s'épuisant n'aurait pas moins jeté sur le mar- ché français, non-seulement 150 millions, plus que doublés par le travail, mais elle aurait encore introduit tous les mil- lions additionnels que cette masse entraîne dans son orbite.

« Ce n'est pas parce que la Banque de France possède des « rentes qu'elle a moins de liberté de faire, ses rentes ne l'em- « pêchent point d'avoir des billets tant qu'elle juge convenable « d'en employer. » — Pouvoir exorbitant ! — « Pour faire des « avances ou escompter. C'est la situation du numéraire qui « le commande ; rien de plus, rien de moins. »

C'est cela ! ni plus, ni moins ; c'est une question de numé- raire : eh bien, que la Banque de France réalise donc ses 150 millions de rente. O puissance de la logique ! la vérité se déga- geant des efforts qui tendent à l'obscurcir s'élève et se retourne contre ces efforts mêmes ; que la Banque fasse entrer ses rentes liquidées dans son encaisse, la logique forcée de son gouver- neur honoraire, lui prescrit le but de sa mission le lui com- mande, l'esprit de son institution l'exige.

« Il faut voir les choses, dites-vous, à un point de vue tout « autre. Le voici : quel est le devoir du gouvernement inspiré « par la plus juste sollicitude lorsqu'il concède un privilége « aussi considérable que celui d'émettre des billets ? il est « d'assurer par une garantie que l'institution de crédit qu'il « fonde n'abusera pas de sa confiance. »

Point de confusion. — La confiance de l'Etat en la Banque de France est complexe : *primò* elle est relative aux efforts in- telligents que doit faire cette institution de crédit privilégiée en vue de favoriser l'accroissement et le bon état du commerce et de l'industrie ; — *secundò*, elle porte sur la sécurité que ces

deux éléments de la richesse nationale peuvent avoir dans le service du crédit public. Nous le demandons à **M.** de Germiny
cette dernière condition n'est-elle pas suffisamment remplie
par la Banque ayant pour couvrir ses 150 millions, trois signatures passées à l'étamine de son conseil, et *de tout repos*, selon
que le dit, monsieur de Germiny, car la Banque de France,
ne prête qu'avec l'assurance d'être remboursée. Quant à la
première, la pétition qui donne lieu, à ses débats, appuyée par
l'universalité du commerce de l'agriculture et de l'industrie
en France, y répond catégoriquement.

« Or est-il indifférent que le capital qui est cette garantie
« d'une sage gestion soit employé en rentes ou en escompte. »

Bien qu'il y ait des choses, qui se réfutent d'elles-mêmes,
au nombre desquelles cette dernière objection, nous suivrons
néanmoins l'avocat de la Banque de France jusqu'au bout de son
argumentation.

L'escompte, répondrons-nous, en offrant cette triple garantie
dont nous venons de parler, donne à la production une impulsion qui la vivifie ; par les rentes, la garantie, sans acquérir un
surcroit d'importance, ne profite qu'aux actionnaires et laissant
la production péricliter, frappe les producteurs d'une ruine
imminente.

« Il ne viendra à l'esprit de personne de prétendre qu'un
« capital de garantie, employé en rentes c'est-à-dire qui a pour
« débiteurs l'Etat, la dette publique en un mot, n'est pas un
« capital mieux placé que s'il était absorbé par un capital tel
« qu'il soit. »

Là encore une fois, n'est pas la question. Le but de l'institution est d'*escompter les valeurs du commerce.* Cet objet essentiel, votre raison d'être, monsieur, vous l'oubliez. Qu'importe
ce parallèle des garanties. *De tout repos* par votre éclectisme
en matière de signatures, votre capital n'est-il pas également
abrité sous vos escomptes, comme il l'est, sous le couvert du
grand livre de la dette publique.

« La Banque de France a donc d'autant plus de crédit que
« son capital de garantie est mieux engagé. Faire subir une
« transformation de placement à ce capital, ce serait porter
« atteinte à ce crédit, et perdre de vue une autre importante
« considération à savoir *qu'elle rend service à l'État.* »

Il est inutile de revenir sur la valeur des garanties dont
s'abrite votre crédit. C'est là une question jugée, et il n'est pas

si modeste financier, si pusillanime escompteur qui croie aussi bien ses intérêts à l'abri de trois signatures honorables qu'ils ne le seraient sous la signature collective de l'Etat. Mais vous y revenez, M. le comte, comme moyen de transition qui vous conduit à un autre ordre d'idées, à savoir *le service que la Banque rend à l'État*, et vous dites :

« En possédant des rentes qui si elle les vendait, vien-
« draient peser sur le marché et déprécier les prix, ce qu'il
« y a de plus désirable pour le crédit public, c'est que la
·« rente soit bien classée. Quel classement plus tranquille que
« celui des rentes possédées par la Banque ! »

Nous laissons le côté plaisant de l'argumentation : *la Banque rendant des services à l'État* dont elle tient son existence. Il n'est point tombé sous les aperçus de M. le comte de Germiny, qu'un service, dont on fait montre surtout, est une charge pour qui le reçoit. et qu'il est rationnel, logique que, dans l'espèce, l'Etat aspire à se soustraire à cette charge, en retenant pour son propre compte les immunités exorbitantes dont il a gratifié cet établissement qui se fait aujourd'hui *son protecteur*. Mais revenons au côté positif de l'argument.

Pour être aux mains de la Banque, le classement des rentes n'en a pas moins la mobilité des rentes détenues par des mains moins puissantes. Ce que vous regardez, M. le comte, comme un relief de considération, de force et conséquemment de stabilité pour un Etat est aux yeux de la saine raison, un fait plein de menaces et conséquemment un péril pour un Etat. 150 millions de rentes aux mains d'une institution qui par sa nature exerce sur le crédit public une action toute puissante, ne voyez-vous pas quel parti pourrait tirer une institution qui n'aurait pas le patriotisme, la sagesse, et l'attachement aux formes politiques qui distingue l'établissement actuel, car enfin, cela s'est vu, et M. le sénateur Michel Chevalier a rappelé au Sénat le scandaleux abandon de l'une des administrations précédentes qui n'avaient pas à coup sûr, la sincérité de celle-ci, le scandaleux abandon, disons-nous, la facilité avec laquelle la Banque de France a passé des mains du premier empire en celles de la royauté restaurée, et cependant la Banque n'avait pas alors les 150 millions de rentes inscrites.

Voilà pour le côté politique que vous faites valoir. Quant

4

au côté économique c'est un fait purement mathématique, qui se traduit par une simple proportion. Si un capital de 200 millions produit un mouvement de 7 milliards d'affaires, 400 millions produiront 14 milliards. Nous argumentons dans les voies de la logique de la Banque qui pose le numéraire comme une condition nécessaire de diffusion du crédit, *qui n'est commandée que par la situation du numéraire, rien de plus, rien de moins.* Bien que tout récemment nous ayons vu votre encaisse atteindre le chiffre énorme de 1 500 millions, au milieu d'une complète stagnation des affaires, votre escompte étant descendu à 3 0/0, notre proportion reste dans toute son importance. L'encaisse est une eau stagnante dont les vannes d'écoulement sont confiées à une volonté arbitraire qui accepte ou repousse les demandes, sans qu'il lui soit prescrit de formuler les motifs de sa décision. Voilà pourquoi, dans ces temps d'ENQUÊTE, l'encaisse est monté si haut et l'escompte descendu si bas. Mais il ne faudrait pas se hâter de conclure de ce passager phénomène, que le taux réduit de l'argent n'est pas favorable au mouvement des affaires, qui se produisaient sur une plus large échelle alors que la Banque portait son escompte à 8, 9 et 10 0/0. Les moins clairvoyants ne sauraient s'y tromper.

A qui donc profite cette masse de fonds immobilisés ? aux actionnaires de la Banque de France ; à une minime fraction de l'universalité qui ayant prélevé par l'agio du crédit une prime sur le travail national, reçoit encore sur ces primes capitalisées une autre prime prélevée sur le revenu public.

Est-ce donc bien là, répétons-le à satiété, la raison de votre institution, créée en vue d'être utile au commerce et à l'industrie ? et la Banque de France ainsi dirigée marche-t-elle dans les voies tracées par sa constitution ? C'est la demande que lui adresse M. de Saint-Arnaud, c'est à cette demande que répondront catégoriquement tous les hommes sérieux que frappent les agissements de la Banque de France.

C'est à cette demande que M. le sénateur Michel Chevalier, vient aussi fournir une réponse péremptoire.

« Quand le public éprouve une souffrance sérieuse, fait ob-
« server M. Michel Chevalier prenant la parole après M. le
« comte de Germiny, tout le monde a le droit d'appeler l'atten-
« tion du sénat sur le fait par une pétition... La pétition du
« sieur Furet me parait très-estimable. Elle soulève une ques-

« tion qui est d'intérêt public au premier chef, celle de *l'orga-*
« *nisation du crédit en France.* J'ajoute que c'est une question
« d'intérêt actuel, car ce sont *des souffrances très-réelles*
« qu'éprouvent présentement le commerce et l'industrie par
« suite de l'élévation du taux de l'escompte, souffrances
« reconnues par le gouvernement ainsi que le prouve la
« lettre du ministre des finances que vient de lire l'honorable
« comte de Germiny.....

Quand des profondeurs de l'intérêt public en souffrance
s'élève une protestation qui trouve au sénat un énergique
écho à ses doléances, est-ce que la vérité de la plainte, c'est-
à-dire le mal qui la cause est douteux. S'il est constant un
remède est nécessaire, il faut le chercher et c'est pourquoi
M. Michel Chevalier, protestant contre *l'ordre du jour* invoqué par M. le gouverneur de la Banque de France, demande
l'enquête ultérieurement décretée.

Sur les désastres qui ruinent le commerce et l'industrie,
il appelle la lumière, il fuit les ténèbres où l'ordre du jour
plongerait cette question vitale. Il ne dit pas; il n'y a rien à
faire? Il convie à la recherche des moyens de réaliser les
aspirations du pays, tous les dévouements désintéressés, et
il leur ouvre la marche ; il pose les jalons d'une enquête
préalable aux conclusions qui doivent amener une. réforme
dans les conditions de dispensation du crédit ou de l'argent.

Nous n'analyserons point le discours de M. Michel Chevalier, qui est et reste comme le *désideratum* de la production
nationale ; (1) nous craindrions d'en affaiblir la puissance
probante. C'est en matière de haute banque, un document
précieux qu'il faut lire, un réquisitoire appuyé sur des faits de
la plus haute importance, et d'une lamentable réalité.

Les conclusions de ce document sans être formelles toutefois, se traduisent par la nécessité d'un acte législatif révisant
la loi de 1857, et dont l'exposé des motifs se formulerait
brièvement en ces termes :

Attendu que le privilége de la Banque de France a sa raison d'être, origine et but, dans les suprêmes considérations
de *l'utilité publique* :

Que la loi de 1857, en prorogeant le privilége dont cet
établissement est investi, n'a fait que confirmer les conditions
fondamentales de son institution.

---

(1) *Sénat*, séance du 30 mai 1864.

Considérant que les agissements de la Banque de France ne satisfont nullement aux nécessités vitales de la production et du commerce en souffrance , qu'ils sont incompatibles avec le développement progressif de la richesse nationale ;

Que l'intérêt public *ayant-cause,* devient l'intérêt public *ayant-droit* ;

Qu'il est dès lors du devoir de l'Etat, faisant droit aux intérêts généraux, de mettre un terme à une telle cause de perturbation sociale, etc.

Nous croyons devoir reproduire ici un des passages les plus saisissants du discours prononcé par M. Michel Chevalier.

« Chose singulière ! objecte-t-il, la Banque est un commer-
« çant qui fait ses affaires sans capital lui appartenant ; c'est
« comme quelqu'un qui ouvrirait une boutique sur le Boule-
« vard sans avoir un sou engagé dans son commerce. Je
« m'explique, la Banque de France a un capital de 182 mil-
« lions et demi ; mais elle a placé en rente 150 millions qui
« sont à déduire ; elle a avancé au Trésor 60 millions à dé-
« duire encore ; elle a en immeubles 10 millions, voilà encore
« 10 millions à déduire. Il est vrai qu'elle a une certaine
« somme, 26 millions environ en réserve, somme qu'il fau-
« drait ajouter aux 182 millions et demi formant son capital ;
« c'est donc un actif de 202 millions sur lequel il y a d'engagé
« en dehors de la Banque 220 millions en un mot soit 12
« millions de plus. Elle fait ses affaires sans un centime de
« capital à elle. Elle a un cautionnement, mais pas de capital.
« Permettez moi de croire que quand il s'agit de fournir l'es-
« compte à une si grande industrie, à un si grand commerce
« que l'industrie et le commerce de la France, il serait bon
« d'avoir un capital à soi, ou quand on en possède un, il
« serait bon de ne pas l'immobiliser en rentes, sous prétexte
« que cela donne un dividende additionnel.
« La Banque ne croit pas, l'esprit humain se fait si facile-
« ment illusion, que si elle a placé son capital en rentes,
« c'est pour avoir un surplus de dividende. Non, Dieu l'en
« garde elle est à cent lieues de là. De même en conséquence
« de l'élévation de l'escompte, elle a des dividendes de 30 0/0
« cela lui est arrivé une fois, elle en a de 25 0/0 cela lui est
« arrivé de même ; elle en a de 16 à 17 0/0 *presque toujours !*
« Elle les prend parce qu'ils viennent, ce n'est pas pour les

« avoir qu'elle a exagéré l'escompte ; elle les prend malgré
« elle, moi j'en suis convaincu. Mais le public n'est pas d'aussi
« bonne composition. Il ne croit pas que ce soit le hasard
« qui ait placé en rentes les trois quarts du capital de la
« Banque. Il ne croit pas qu'il n'y ait aucune relation pré-
« méditée entre le taux de l'escompte et les dividendes. »

C'est chose sérieuse que cette constatation de l'opinion
publique faite de haut touchant une institution à laquelle
est attachée la prospérité ou la ruine de l'industrie et du
commerce d'où dépend , dans les conditions économiques
actuelles , l'élévation ou l'amoindrissement de la France,
Nous avons déja dit un mot sur ce qu'il y a de blessant pour
la morale publique dans ce flagrant antagonisme de deux
intérêts dont l'un doit être, et par la nature de l'institution
où il prend racine, et par la loi même qui le constitue, l'in-
défectible protecteur de l'autre. Répétons le, tout cela est
profondément triste. Pour l'observateur même le plus su-
perficiel, il y a là le germe d'une profonde démoralisation
sociale... Ce serait, si la sollicitude du pouvoir ne s'appliquait
à en prévenir les causes, le signal d'une irrésistible débâcle
de tous les intérêts, un relâchement absolu des relations
économiques, l'intérêt personnel, et entre tous les intérêts
le plus énergiquement démoralisateur, la soif de l'or, mis
au-dessus de tout ; une irréparable perturbation , l'avidité
du lùcre se substituant au devoir, l'honneur étouffé sous le
poids du coffre fort, point de règle, nul frein, nulle sanction :
pour conscience l'*arbitraire*, le *succès* pour justice.

Nous ne sachions rien de plus, profondément, saisissant,
de plus péremptoirement décisif que le tableau fait en relief
des agissements de la Banque de France. Après de telles
articulations émanées d'un des membres les plus autorisés
du premier corps délibérant de l'Etat, nous n'eussions pas
compris que même à défaut des pétitions si précises de Paris
et de Lyon, le gouvernement fut resté impassible à la voix
de ce personnage éminent qui à la face de la France produc-
trice obérée, ruinée par les faits et gestes de la haute finance,
vient officiellement affirmer que le principal établissement
de crédit, le seul autorisé prélève, avec privilége de l'Etat
sur le travail national en souffrance, l'énorme — Napoléon 1ᵉʳ
disait de 6 0/0, le *scandaleux* — bénéfice de 30 0/0.

Après M. Michel Chevalier , dans ces préalables de

l'ENQUÈTE se présente M. le ministre d'Etat Rouher. — Nous devrions dire M. Rouher tout court, car le décret nous autorise à reconnaître, qu'en émettant une opinion contraire à l'enquête, M. Rouher n'exprimait que son opinion personnelle, et qu'il n'était point et ne pouvait point se dire, dans la question l'organe de l'Etat qui décrète ce que M. Rouher repousse : l'ENQUÈTE.

Quoiqu'il en soit, et cette réserve faite dans l'espèce et pour l'avenir, voyons quelle est la valeur des arguments d'un orateur qui par la position qu'il occupe ne laisse pas que d'être, par la même, considérable :

« Si l'*enquête* réclamée par l'honorable M. Michel Chevalier,
« était recommandée par le Sénat, et *ordonnée par le gou-*
« *vernement*, elle ébranlait inutilement le crédit public, et
« des situations dont la sécurité importe à tous ; et en fesant
« naître en même temps des espérances malencontreuses,
« elle donnerait un aliment à des prétentions qui se mani-
« festent avec une ardeur extrême.

« L'enquète ne me paraît donc utile à aucun point de
« vue, bien plus elle serait dangereuse et le Sénat n'a sui-
« vant moi, qu'un parti à prendre c'est de prononcer pure-
« ment et simplement, l'ordre du jour sur la pétition. »

Cette divergence d'opinion dans une question de cette importance, entre deux personnages également considérables, est fort regrettable assurément, mais elle ne suspend point à la chaîne du doute l'opinion du public. La décision du Sénat ne change en rien la nature des choses ; elle porte sur la nécessité de faire la lumière ou de persister dans les ténèbres. Le Sénat a jugé dans ce dernier sens, il s'est rangé à l'opinion de M. Rouher contrairement à l'opinion de M. Michel Chevalier, expression du sentiment public.

M. le Ministre des finances, dans sa lettre du 15 mars 1864, reconnaît et affirme *cette gêne des affaires* sur les causes de laquelle il avoue le gouvernement sans action. Le gouvernement, en donnant aux conclusions de M. Michel Chevalier une éclatante sanction, est relevé de cette fâcheuse incapacité dont le frappait M. le Ministre d'État. Quoi de mieux fait, en effet, pour dissiper les ténèbres qu'une *enquête*, cette lumière formée des lumières de tous ! — Vous ne voyez pas les causes, c'est votre aveu, car, si ces causes vous étaient apparentes, vous les conjureriez, c'est votre devoir. L'accomplissement de ce devoir, dirons-nous à M. Rouher est subordonné à la lumière, et vous la refusez... Vous faites plus que de la repousser, vous la déclarez *inutile* et *dangereuse.* Inutile ! c'est le contraire qui vous est démontré. — Ou l'enquête révélerait des faits qu'il importe de redresser, ou elle livrerait au grand jour de la publicité l'absolue perfection de cet établissement de crédit fonctionnant au plus grand avantage des intérêts de tous. Dans ce dernier cas alors, il n'y avait pas seulement utilité, il y avait urgence, car, et c'est M. le Ministre qui lui-même le reconnaît : « il faut traiter « avec quelque soin ces questions qui saisissent l'opinion « et surexcitent certains esprits toujours inquiets, tou- « jours exigeants. Si l'on ne fait promptement la lumière, « l'erreur se propage, se maintient, devient bientôt agres- « sive, et des établissements considérables qui rendent de « grands services, ressemblent bientôt à des fléaux aux yeux « de l'opinion égarée »... — Et pour le démontrer, quoi de plus rationnel que l'enquête... Car à coup sûr la modestie de M. Rouher, doublée même de la modestie de M. le comte de Germiny, souffrirait de ce que les simples lumières de ces appréciations tinssent lieu des lumières qui jailliraient d'une enquête où doit être entendue la France économique.

Quoi de plus concluant en faveur de la proposition dont M. Michel Chevalier s'est fait l'organe, quoi de plus grave, de plus rigoureusement logique que les paroles mêmes de M. Rouher, repoussant par une singulière contradiction cette *enquête* prescrite par le pouvoir qui, par une autre contradiction non moins singulière, le commet à la direction de cette ENQUÊTE.

Quant à l'ébranlement que, selon les paroles de M. Rouher, cette épreuve imprimerait au crédit, nous croyons qu'au lieu d'être dangereux, il sera dans tous les cas salutaire. — Favorable à l'établissement, il en assoiera les bases ; — défavorable il délivrera le commerce et l'industrie des conditions forcées de crédit qui altèrent la source et entravent le développement de ces suprêmes mobiles de la richesse nationale.

Il eut été désirable que M. le Ministre d'État eut été tout d'abord saisi de ces hautes considérations où le décret puise ses motifs exactement d'accord du reste, avec ses vues de consolidation du crédit public.

M. Rouher nous semble avoir été dominé par une question secondaire, l'affirmation de « prétentions qui se mani- » festent avec une ardeur extrême. » — Préoccupé d'enlever à « ces espérances malencontreuses un aliment, » M. Rouher a laissé échapper la question principale. — Pour repousser une *compétition* insaisissable, par ce qu'elle est sans formule, et mise en tous cas hors de cause, M. le Ministre a négligé le côté général par lequel la Banque de France touche par tous les points à l'intérêt public. Il a, de la sorte, rétréci le cercle des débats qui n'a plus été que l'arène où s'évertuaient avec plus ou moins d'éclat, dans le champ clos des intérêts privés, les champions de ces intérêts antagonistes.

L'industrie et le commerce français étaient en droit d'attendre autre chose d'un ministre parlant devant le premier corps de l'État auquel s'adresse une pétition vivement appuyée par l'opinion publique.

Poursuivant la digression sur la compétition au privilége d'émission fiduciaire, M. le Ministre d'Etat s'appuie éclectiquement de l'opinion du chef du premier empire. Il y avait mieux à prendre dans les diverses opinions émises par Napoléon 1er en matière de Banque. Les documents historiques cités par M. Michel Chevalier en sont la preuve.

« Vous devez dire, écrivait de Berlin l'Empereur au Mi- « nistre de son trésor le 14 novembre 1806, vous devez « dire *au gouverneur de la Banque* que je pense que dans « les circonstances actuelles, il est *scandaleux* d'escompter « à 6 0/0...

... » Ce que vous devez dire au gouverneur de la Banque « et aux régents, écrit encore Napoléon 1er à M. Mollien, « le 15 mai 1810, ce que vous devez dire c'est qu'ils doivent « écrire en lettres d'or dans le lieu de leurs assemblées : — « quel est le but de la Banque de France? D'escompter « les crédits de toutes les maisons de commerce à 4 0/0.

» Je le repète, que si les 90 millions d'actions de la « Banque de France ne suffisent pas, je les doublerai et je « ne serai pas en peine de trouver des preneurs. Loin de-là « la Banque garde 15 millions dans son portefeuille. Donc « *elle ne remplit pas son devoir.* »

Ouvrons à notre tour à cette occasion une parenthèse, nous reviendrons bientôt à celle que vient d'ouvrir M. Rouher. —

Si cette réserve de 15 millions suffisait pour taxer aussi énergiquement la Banque de France d'un *manquement à son devoir*, à quelle sentence donc ne donnerait pas lieu cette réserve à notre époque de 150 millions de rentes sur l'Etat, ces 10 ou 12 millions en immeubles, ces 80 millions d'avances au trésor, constituant l'excédant de l'encaisse s'élèvant dans ces derniers temps à plus de 500 millions.

Ce milliard de valeurs détourné du but posé par la loi formerait un gigantesque fond de roulement dont le chiffre appelant les négociations, porterait la Banque, en face de ces masses de numéraire, à baisser le taux de son escompte.

Les appréhensions relatives à la rareté du numéraire, n'ayant plus de raison d'être, feraient place aux causes plausibles et sérieuses de réduction, et l'intérêt de l'argent diminuant en raison de sa diffusion. suivant la loi économique, les affaires se multiplieraient, et multiplieraient avec elles les négociations qui élèveraient ainsi les rendements de la Banque.

Dès lors les bénéfices de cet établissement seraient réellement fondés sur le développement de la richesse sociale, et non comme dans le cas de l'élévation de l'escompte sur les désastres de la production. Ces bénéfices, fruits d'un immense roulement d'opérations de crédit, perdraient le caractère *scandaleux* dont les stygmatise Napoléon 1er qui assurément n'eut point considéré l'inscription au grand-livre de 150 millions de rente aux mains de la Banque comme un relief de l'Etat, ainsi que le dit M. de Germiny.

A ce prestige qui, fut-il vrai, n'ajoute rien à la position financière de l'Etat, le premier empereur préférait la circulation de l'argent à bon marché, et la diffusion du crédit qui féconde et vivifie la production, augmente la consommation, et élevant le niveau du bien-être, donne à l'Etat, non pas un *prestige* toujours menteur, soumis aux caprices d'un groupe de *manieurs d'argent* au bon ou au mauvais vouloir desquels se trouveraient suspendues les destinées de l'Etat, mais un véritable et solide relief qui retire son inaltérable lustre de la progression incessamment ascendante de la fortune publique.

Nous arrivons à la digression de M. Rouher aussi bien

nous conduit-elle à la question renfermée en substance dans l'enquête pendante. « L'empereur Napoléon 1er, dit-il, a « considéré l'émission de la monnaie fiduciaire, comme un « droit régalien, comme un droit d'Etat. Mais il a posé ce « principe que l'Etat ne devait pas l'exercer, d'une manière « directe.

L'Etat, avons-nous déjà dit, est un mandataire auquel est dévolue la mission complexe de vivifier toutes les activités sociales propres à l'universalité souveraine dont il tient son mandat. Il n'existe en droit qu'à la condition de remplir intégralement toutes les obligations de ce mandat. Dès qu'il s'en écarte, l'Etat perd sa raison d'être, il n'est plus qu'un fait sans racines dans la nation, une sorte de poteau fiché dans le sol social et abandonné à toutes les bourrasques de l'ouragan. L'Etat reçoit et réfléchit de tous les points de sa surface, en rayons condensés, la lumière émanée de tous. C'est l'enveloppe du corps social; il ne peut se dépouiller des attributs qui le recouvrent sans découvrir le corps social. Encore une fois l'Etat n'est qu'un délégué qui ne peut transmettre en tout ou en partie sa délégation, parce que ce droit est celui de la souveraineté constituante, la nation.

Ce que Napoléon 1er considérait comme *droit régalien*, comme droit d'Etat n'est réellement que la délégation d'un droit qui a sa racine dans l'universalité des citoyens, dans la souveraineté du peuple. Cette interversion des choses a été l'erreur qui a dominé dans ses temps de prospérité, mais de prospérité seulement, la vie de Napoléon. *L'Etat souverain*, cette fiction de l'absolutisme, dissipée au souffle de 89, a pu un instant se reproduire sur le nuage formé par la fumée du canon victorieux; mais s'emparer de telles idées et les produire à notre époque de suffrage universel, c'est commettre un anachronisme choquant tout d'abord, dangereux par ses conséquences. La logique est rigoureuse et ses déductions sur la voie que lui ouvre **M.** Rouher aurait de singuliers aboutissements.

Délégué du souverain dans l'exercice des conditions nécessaires au libre fonctionnement des forces vives qui engendrent la richesse sociale, la science et le travail : l'instruction qui conquiert celle-là, le crédit qui alimente celui-ci, l'Etat est le dispensateur du crédit, comme il l'est de l'instruction ; il a le devoir d'émettre sous son cachet à titre d'agent de la production, la monnaie fiduciaire qui le féconde, c'est-à-dire le crédit au travail qu'il stimule, comme il a l'*obligation* de mettre à la portée de tous l'instruction qui féconde et stimule le développement intellectuel et moral. Voilà ce qui est incontestable.

Mais se prévaloir d'une articulation arbitraire de Napoléon 1er déclinable comme partie intéressée en tant que chef de l'Etat, et la poser *en principe* pour en tirer des conséquences à l'aide desquelles se plaçat un pesant monopole, cela n'est point soutenable. *Les principes* ont une autre source, que l'homme qui n'est lui-même, quelle que soit sa valeur, qu'une conséquence.

Quoi ! l'Etat exerçant tous les droits dont-il est si jaloux, déléguerait précisément celui que le bon sens public a dénommé avec tant de justesse le *nerf social*, il s'en dessaisirait, et le déléguerait à une personnalité collective quelconque, chargée ainsi. du soin de donner l'impulsion aux activités d'où dépendent et la prospérité et l'ordre social, il investirait cette personnalité de la plus importante partie de l'inaliénable exercice de la souveraineté qui lui est confiée, il mettrait un Etat dans l'Etat !... et quel partenaire, grand Dieu ! dont les décisions sans contrôle paralysent ou surexcitent sans responsabilité les agents de la production, qui fait à son gré Charlemagne sur le grand tapis vert de la finance, espèce de Jupiter ayant sous ses pieds la foudre qu'il concentre destructive, quand elle devrait être l'électricité qui s'irradie vivifiante.

L'Etat substituerait à son propre pouvoir pondérateur et toujours actif, toujours responsable, une société financière *irresponsable*, dont le plus puissant mobile est le bénéfice assuré, garanti par un privilége exorbitant.

Ce sacrifice de l'intérêt de tous à l'intérêt de quelques uns n'est plus possible aujourd'hui que le droit commun affirmé en 1789 a fait justice des monopoles et des priviléges, et dégageant l'intérêt public du parasitisme qui le rongeait, a fait surgir de l'universalité, l'égalité pour règle suprême. Tous les éléments de l'ordre social sont placés sous la sauve-garde de l'Etat, mandataire de l'universalité souveraine. Or le crédit est au premier chef un de ces éléments ; donc il doit avoir pour dispensateur et régulateur l'Etat.

Promoteur des forces vives qui créent la richesse publique, l'Etat doit, avec une équitable pondération, faciliter le développement de ces forces par une égale accession aux conditions de leur mise en œuvre, c'est-à-dire le CRÉDIT. Dès lors disparaissent, en même temps que le producteur profite de ses propres efforts, ces scandaleux bénéfices de 30 0/0 distribués aux bénéficiaires d'une institution privée et privilégiée s'élevant en réalité à 54 0/0 ainsi que l'établit sans réplique l'exposé qui suit :

« Les bénéfices de la Banque de la présente année, « 1864, se sont élevés pour le premier semestre à 26,560,000 « de francs, en y comprenant les sommes mises en réserve « aux termes de la loi, ce qui porterait le total pour l'exer- « cice entier à plus de 53 millions, si le second semestre « était aussi productif que le premier, soit près de 30 0/0 « de capital actuel et 54 0/0 de capital primitif de 91,250,000 « francs le seul dont il faut tenir compte, puisque le « nouveau a reçu au grand préjudice des affaires, une « destination étrangère au service même de la Banque. »

54 0/0 prélevés sur le travail qui s'épuise à la tâche pour satisfaire de semblables avidités !! — 54 0/0

N'est-on donc point fondé, après de telles choses, à dire bien haut avec le célèbre financier dont nous citons les paroles, que le régime qui donne de tels résultats « EST UNE VÉRITABLE CALAMITÉ PUBLIQUE, » — M. ISAAC PÉREIRE. (1)

avec un économiste éminent que « LE CREDIT NE « PEUT PAS RESTER COMME IL EST CHEZ NOUS, » — M. MICHEL CHEVALIER. (2)

et à demander avec les pétitionnaires des deux grands centres de la production nationale, Paris et Lyon, parlant au nom de la France économique, si les aspirations de tout un peuple protestant contre la cupidité ou l'aveuglement de funestes doctrines ne sont que des utopies aboutissant à des expédients stériles, si enfin la justice est une abstraction sans mode d'application s'effaçant devant les agissements de l'arbitraire.

---

(1) *La Banque de France*, Guillaumin éditeur — Paris, 1864.
(2) SÉNAT, *séance* du 31 mai 1864.

LORIENT. — TYP. D'ÉD. CORFMAT, RUE DU PORT, 68.